Anita Lehmann

Nähe erleben -
Alles schon gesehen?

Ein anderes Reisetagebuch
Teil 6

Das Buch ist eine Gemeinschaftsarbeit.
Die Texte entstanden als Ergebnis meiner Reisen.
Die Bearbeitung der Fotos, das Cover und die gesamte Vorbereitung zur Herausgabe entstanden mit Hilfe von
Frank Ralf

Bibliografische Information der Deutschen Nationalbibliothek:
Die Deutsche Nationalbibliothek verzeichnet diese Publikation in der
Deutschen Nationalbibliografie; detaillierte bibliografische
Daten sind im Internet über http://dnb.dnb.de abrufbar.

1. Auflage Februar 2021

Herstellung und Verlag:
BoD – Books on Demand, Norderstedt

ISBN: 978-3-7534-2147-6

Inhalt:

MEINE GEDANKEN ZUM BUCH

In den Medien werden täglich Reisen beworben: Reisen nach Mexiko oder Madagaskar, Luxuskreuzfahrten, ein Urlaub in Kanada oder in den Bergen Südtirols, Städtereisen nach Rom oder Amsterdam...
Ich könnte die Reiseziele beliebig fortsetzen.

Unsere Gäste im Bus sind meist „reiseerfahren" und betonen immer öfter, welche unglaublich beeindruckenden Reisen sie in den letzten Jahren schon gemacht haben.

Aber eine Kurzreise oder Tagesfahrt wird trotzdem gern gebucht.
Wenn die neuen Kataloge erscheinen, dann stehen die zukünftigen Reisenden oftmals in langer Schlange vor dem Büro.
Sie buchen dann oft mehrere Reisen. Das ist natürlich nicht die Regel.
Es gibt Gäste, die sich im Reiseangebot sehr genau auskennen. Der Katalog wurde genauestens studiert. Die zukünftigen Reisenden kennen das neueste Angebot, die Gaststätte, in der das Mittagessen durch die Veranstalter bestellt wurde, ja sogar die Kuchensorten, die zum Kaffeetrinken angeboten werden. Mit anderen Worten, sie sind zum wiederholten Mal zum jeweiligen Reiseziel unterwegs.

Die Anforderungen des Gastes an den Reiseleiter sind unterschiedlich. Manche Gäste wollen nur unterhalten werden, andere sind jedoch wissensdurstig und ergänzen oftmals in den Pausen die Informationen des Reiseleiters.

Die meisten Reisenden hören aufmerksam zu, wenn der

Reiseleiter über die Landschaft, über Burgen und Schlösser oder die Geschichte der Region erzählt, andere wiederum nutzen die Gelegenheit, sich ausgiebig mit ihrem Nachbarn zu unterhalten. Zwischen diesen Gegebenheiten bewegt sich der Reiseleiter, der in der Regel bemüht ist, allen gerecht zu werden.

Hinzu kamen im Jahr 2020 die Probleme und notwendigen Veränderungen, die die Corona-Pandemie mit sich brachte.

Die Reiselust blieb.

Vor Jahren wurde in der Tageszeitung ein Gedicht veröffentlicht, das ich gern zitiere. Es geht um die Wertschätzung der Region, der Heimat, die auf ihre besondere Art die Reisenden anspricht und wert ist, entdeckt zu werden.

Der Verfasser möge mir verzeihen, dass ich es ohne Quellennachweis wiedergebe, aber es trifft genau die Situation, in der sich die Gäste und der Reiseleiter befinden.

„Reise, Reise…"

Wo warst du nicht schon überall auf unserem runden Erdenball:
In Schweden und in Afrika,
Neuseeland, ganz Amerika,
in Island und Australiens Wüste,
an Portugals Atlantikküste.
Nach Moskau bist du auch gekommen,
sogar im Baikalsee geschwommen!
„St. Leninburg": Die weißen Nächte,
wo man dann noch mit Wodka zechte!
Auch Asien hast du heimgesucht-

bei Necker- und bei -mann gebucht-
und hast auf malerischen Dschunken
schon einmal bayerisch Bier getrunken!
Warst an Ägyptens Pyramiden,
auf Korsika und den Hebriden,
kennst vom Vesuv die heiße Asche
und Rom wie deine Westentasche,
kennst jeden Gipfel in der Schweiz
und Londons Nebel, Schottlands Geiz,
kennst Budapest, Prag, Riga, Wien,
Las Vegas auch, dir sei's verzieh'n.
Du kennst die Damen von Paris
und Spaniens Urlaubsparadies,
kennst auf Mallorca jede Villa,-
doch: Kennst du Ottendorf-Okrilla?

(Das Gedicht entnahm ich der „Sächsischen Zeitung", der
Autor heißt Peter Kahnt. Ottendorf-Okrilla ist eine Gemeinde im Landkreis Bautzen, Land Sachsen)

9

I. TAGESAUSFLÜGE

1. ROSENTRÄUME AN DER NEISSE

20.Juli 2020
Ich bin aufgeregt!
Es ist meine erste Tagesfahrten nach Beginn der Corona-Pandemie.
Wider Erwarten verläuft der Einstieg völlig reibungslos. Die 46 Gäste sind gut informiert, tragen alle unaufgefordert Masken, keine Visiere. Schriftliche Hygienehinweise waren an beiden Einstiegen zu lesen, Desinfektionsmittel waren für alle zugänglich befestigt.
Bei der Begrüßung, als ich mich den Gästen zuwandte, betrachtete ich das bunte Bild des Nase-Mund-Schutzes. Die unterschiedlichsten Farben und auch unterschiedlichste Muster wurden auf unterschiedliche Weise getragen: gelb, grün, rot, kein schwarz, rote Punkte auf weiß, Mickymäuse und Kreisel… Ich hatte mich für schlichtes Weiß entschieden.
Zu Beginn achteten auch alle peinlichst genau darauf, den Hygieneschutz zu tragen. Im Verlauf des Tages wurde es schon mal vergessen, und man erinnerte sich gegenseitig.
Ich war da keine Ausnahme. Ich war schon fast an der Küche, also im mittleren Teil des Busses, als ich meinen Fehler bemerkte und ganz schnell zurück ging. Es ist eben ungewohnt.
Nach 90 Minuten Fahrt gab es den zur Fahrt gehörenden Kaffee. Ein Mann wollte wohl einen Scherz machen und fragte, ob er während des Trinkens die Maske abnehmen dürfe. Haha!

In Forst waren wir verspätet, vor allem, weil wir am Abfahrtsort noch auf eine Frau gewartet haben, deren Zug Verspätung hatte. Dazu kamen Baustellen und eine Umleitung am Zielort.
Wir werden zur Rosengarten-Führung erwartet.

Auch heute, bei meinem zweiten Besuch, bezaubert mich der Blick vom historischen Haupteingang über die unzähligen Blumenbeete hinweg „in die Ferne", über einen großen Teil des Gartens.

Der Garten ist groß; eine Fläche von vergleichsweise 17 Fußballfeldern dehnt sich vor uns als Blumenteppich aus, der an besonders markanten Punkten von Blumenbögen, Rabatten und Skulpturen unterbrochen wird. Ich war schon jetzt überzeugt, dass nicht nur im Jahr der Auszeichnung 2009 dieses Blumenmeer den Titel „Schönster Park Deutschlands" verdient hat.
Wir wurden aufgefordert, während unseres Rundganges den Rasen zu betreten und an den Rosen zu riechen.
Der Rasen wird einmal wöchentlich von einer Firma gemäht. Es hatte am Vortag geregnet, der Boden hatte den Regen nötig.
1 000 Rosensorten warteten auf unseren Besuch, dazu Dahlien, Cosmea, Hortensien... Es müssen wohl Millionen einzelne Blüten sein. Gerade hatte ich einen einzelnen Strauch, eine einzelne Blüte fotografiert, da fand ich die nächste wunderschön und wollte sie im Bild festhalten.

Wir trafen während unseres Rundganges auf die Frauen, die für die Pflege der Anlage verantwortlich sind.
Insgesamt sind es nur neun Gärtnerinnen!
Sie häckeln die Beete, schneiden die Blumen, und im

Herbst sind sie auch verantwortlich, dass 40 000 Rosenstöcke an gehäufelt werden und empfindliche Stammrosen sogar einzeln eingepackt werden.

Unser Weg führt „quer durch" die Anlage, ist aber im Wesentlichen eben. Inmitten eines freien, gut einsehbaren Platzes sprudelt Wasser aus einem mehrstöckigen Kaskadenbrunnen.

© 2021 Anita Lehmann

Dieser wurde erst 2013 neu gebaut und eingeweiht. Der sächsische Premierminister Graf Heinrich von Brühl war im 18.Jahrhundert Besitzer des Vorgänger-Parkes und hat den ursprünglichen Brunnen zu seinem Landgut in Pförten (Brody) bringen lassen.

Hinter dem Brunnen, in einem sich anschließenden Teil der Anlage, stehen die Neuzüchtungen.

Ursprünglich war die erste Ausstellung 1913 nur einmalig

geplant. Sie war jedoch so erfolgreich, dass eine Tradition begann.

Rosengartenfesttage finden im Juni statt, und eine Rosenkönigin wird gekürt. Nur dieses Jahr musste beides ausfallen.

Anlässlich der 100-Jahrfeier 2013 erhielt die Neuzüchtung den Namen „Gräfin Brühl". Es ist eine rosafarbene niedrige Buschrose, die im Augenblick gerade in voller Blüte ist.

Ich las Namensschilder von Personen wie J.W. von Goethe, Martin Luther oder Gebrüder Grimm bis hin zu Heidi Klum.

Eine dieser Neuzüchtungen trägt den Namen „Forster Rosentraum". Diese Rose wechselt ihre Farbe zwischen rosa und gelb, und vor allem riecht sie gut.

Ich bin nicht so angetan vom Rosengeruch und allem, was man aus Rosenblättern produziert.

Wir erfuhren: 4 000 Kilogramm Rosenblätter benötigt man für einen Liter Rosenöl!

Wer benutzt das denn heutzutage? Ich kenne persönlich niemand.

Wird es exportiert? Ich kenne die Antwort nicht.

Meine Gäste tranken in der Mittagspause zumindest Rosenlimonade, Rosenpunsch und sogar Rosensekt.

Später sah ich während unseres Rundganges unter anderem eine kleine, grüne Rose; sie kam ursprünglich aus China und hob sich kaum von der Farbe der Blätter ab und eine „schwarze Rose", die ich ohne Bezeichnung auf einem beigefügten Schild als „rot" bezeichnen würde.

Die Geschichte der „Gloria Dei", einer roten Rose, mit niedrigem Wuchs, aber zart und groß, beeindruckte mich. Sie soll nach dem Krieg, während der Tagung der Staaten in Vorbereitung der UNO-Gründung, jedem potentiellen Mitgliedstaat überreicht worden sein.

Eine neue Tradition wurde zwischen dem Säulenhof und dem Wehrgraben begonnen. Ich nenne diesen Bereich „Themenrosen", weil Bürger Rosenpflanzungen aus den verschiedensten Anlässen vornehmen lassen können: zur Geburt eines Kindes, zur Jugendweihe oder Hochzeit, zum Ehrengeburtstag und, und, und. Neben den Rosen

stehen kleine Schildchen, die den Anlass der Pflanzung benennen. Es scheinen immer mehr zu werden.
Die Pflege gehört auch zu den Aufgaben der Gärtnerinnen.

Neben einem riesigen Trompetenbaum steht ein Kunstwerk, zwei Kraniche darstellend. Der eine reckt den langen Hals nach oben, der andere pickt scheinbar am Boden einen Wurm. Bei der Betrachtung von Baum und Kunstwerk standen wir hinter dem pickenden Vogel. Von hier aus hatte er scheinbar drei Beine.

Eine Dame war ganz aufgeregt. „Ein Tier mit drei Beinen habe ich noch niemals gesehen."

Sie zerrte den Parkführer regelrecht zu den beiden Tieren und fragte immer wieder nach dem Namen des dreibeinigen Tieres. Der Führer verstand nicht, was sie wollte. Er war auf den Trompetenbaum fixiert, nannte den Namen

deutsch und lateinisch. „Nein, nein, das dreibeinige Tier",
beharrte die Frau. Inzwischen waren fast alle auf das Miss-
verständnis aufmerksam geworden.

Sie hatte den Kopf als drittes Bein gesehen und das Hin-
terteil als missgestalteten Kopf.

Die Zeit verging viel zu schnell. Wir durften die Mitarbeiter im Restaurant „Rosenflair" nicht warten lassen.
Aber 90 Minuten Freizeit nach dem Mittagessen rundeten
den Aufenthalt ab.

Ich begann meinen privaten Besuch mit dem Wehrinsel-
park, einem Teil des Parkes, der im englischen Land-
schaftsstil gehalten ist. Alte, hohe Bäume spendeten mir
Schatten.
Hier, auf diesem Abschnitt, gab es mehrmals Hochwasser.
Deshalb wurde die Neiße reguliert, Wehrgräben angelegt
und dadurch der Landschaftspark erweitert.

Ich wollte bis zu der Stelle laufen, wo der regulierte Mühl-
graben in die Neiße mündet, also bis zum Grenzfluss.

Ein deutscher Künstler, Thomas Rother aus Essen, so
hatte ich gelesen, habe neun „Grenzrosen" aus Metall geschaffen, um an alle Menschen zu appellieren, Blumen
statt Waffen zu produzieren.

Eines dieser kleinen Kunstwerke steht ganz am Ende der
Wehrinsel, unmittelbar neben dem Grenzpfahl an der
Neiße.

Ich hatte mir die Rose „wuchtiger" vorgestellt; sie ist zart, ausgeschnitten aus einem Metallblatt und versehen mit einer Absichtserklärung in polnischer und deutscher Sprache.

Aber selbst hier wurde das Denkmal mit Aufklebern verschandelt.

Am Ende des Aufenthaltes fehlten zwei Damen. Wir warteten und warteten. Unser Bus stand als einziger Bus auf dem Parkplatz. Unübersehbar. Kein anderes „Großkaliber", nur ein paar Autos. Wir waren in Forst, in keiner Großstadt. Passieren konnte eigentlich nichts. Es gab nur einen Eingang in den Rosengarten und einen Ausgang.

17

Nach einer Wartezeit von zirka zehn Minuten fuhren wir auf der Straße zurück in Richtung Eingang.

Da liefen die Frauen.

„Wir haben den Bus auf dem Parkplatz nicht gesehen", war ihr Argument.

Was soll man da erwidern?

Auf dem Weg nach Hause bat ich unseren Fahrer, an der Forster Kirche vorbeizufahren. Wir hatten während des Rundganges viel vom Gründer dieser Parkanlage erfahren. Hier, in der Kirche, wurde er 1763 bestattet, der sächsische Premierminister August des Starken, Graf Heinrich von Brühl.

Heimfahrt.

Leise Musik erklingt, ich gehe durch den Bus, um zu sehen, ob alle Gäste zufrieden sind.

Ich bleibe stehen, staune.

Eine Frau strickt.

Ich liebe Handarbeiten, aber mein erster Gedanke ist: Darf die denn das? Die spitzen Nadeln können bei einem plötzlichen Bremsvorgang zur Gefahr für die Strickerin werden. Ich verdeutlichte ihr die Gefahr, aber sie meinte, dass sie bei jeder Reise eine diesbezügliche Handarbeit mithabe.

In keiner meiner Weiterbildungen, in keinem Gesetzblatt stand etwas über ein Verbot, also unterhielt ich mich mit ihr über die Verarbeitung der Wolle, über meine Strickleidenschaft zu Hause und gestand ihr, dass ich selbst in fahrenden Zügen stricken würde.

In einem Reisebus erlebte ich es zum ersten Mal.

Vor Jahren fuhr ich mit einem Busfahrer, dessen besonderes Hobby überall Aufmerksamkeit erregte. Er bestickte

Decken, d.h. er benutzte farbige Garne, um ein vorgegebenes Muster auf einem Stoff mit Nadel und Faden in verschiedensten Sticharten zu verzieren, eben zu sticken.

Sobald ich mit den Gästen zu einer Führung oder zur Freizeit aufbrach, holte er seine Handarbeit hervor, setzte sich hinters Lenkrad und begann zu arbeiten.

Mehrmals habe ich beobachtet, wie schnell besonders die älteren Damen auf ihn aufmerksam wurden, seine Tätigkeit bestaunten und mit ihm ins Gespräch kamen, wenn die Fahrertür geöffnet war.

Der Fahrer war wirklich versiert, und seine Stickereien konnten sich sehen lassen.

2. SPREEWALD ERLEBEN

Anfang Juli 2020.
Der Spreewald war für mich immer gleichbedeutend mit einer entsetzlichen Mückenplage.
Vorsorglich nahm ich ein Mittel gegen diese aufdringlichen Gesellen mit. Und noch bevor ich in den Kahn stieg bzw. noch bevor ich eine einzige Mücke entdeckte, sprühte ich meine Arme und die nackten Fußknöchel ein.
Ich irrte mich.
Uns begleitete während der gesamten Fahrt kein Mückenschwarm, keine einzige Mücke. Leider umschwirrten uns auch die blauen, zarten Libellen nicht mehr.
Vor Jahren wurden vom Kahn aus Insektizide versprüht, um die Mückenplage einzudämmen. „Zu viel", hatte ich gehört.
Ich werde folglich trotz meines gelben T-Shirts die Fahrt genießen können.

Im Bootshafen BOBLITZ wurden wir von zwei Bootsführern erwartet. Aus Sicherheitsgründen hatten sie zwischen den einzelnen Sitzreihen durchsichtige Folien angebracht, so dass wir Ausflügler maximal geschützt waren und keinen Mund-Nasen-Schutz tragen mussten.

Schon nach wenigen Augenblicken hatte uns die Landschaft in ihrer Einzigartigkeit gefangen genommen.

Stille.
Man hörte das Eintauchen der Rudelblätter. Das ungewohnte Wort „Rudel" wird hier für die bis zu vier Meter lange Stange mit dem einzutauchenden Blatt verwendet.

Auf dem Wasser sah man kleine goldgelbe Sprengsel, die sich allmählich zu einem geschlossenen goldgelben Teppich vereinten. Wasserlinsen. In dieser Menge habe ich sie noch nirgendwo gesehen. Den besonderen Augenblick teilte ich mit meinen Gästen, denn deren Fotoapparate und Handys klickten ziemlich häufig.

An den Ufern unseres Wasserweges hatten die Spreewaldbewohner Pflöcke aus Baumstämmen, etwa im Abstand von zwei Metern, in das sumpfige Erdreich geschlagen. Als eine Art Schutzmauer wurden zwischen ihnen Faschinen verankert, die kaum mehr zu sehen sind. Hohes Gras und Gebüsch haben sich auf den ehemaligen Ruten- und Reisigbündeln festgesetzt. Im Laufe der Jahre hat die Natur dafür gesorgt, dass aus den meisten Baumstücken neue Pflanzen wuchsen: Pappeln, Erlen, Eschen, Weiden... Ihre Samen hatten Wind und Vögel gebracht.

Teichrosenblätter, aber leider nur wenige Blüten, treiben auf dem Wasser.
Die Spiegelungen faszinieren und verändern sich durch die Bewegungen der Bäume im Wind.

1,80 bis zwei Meter Tiefe soll das Wasser haben. Ich weiß, dass das Wasser sehr klar ist, die Sonne reflektiert silberhelle Flecken auf dunklem Grund.
Es ist immer wieder reizvoll, die Hand ins Wasser zu strecken und den Fluss des Spreewassers zu spüren.

Wir begegnen nur wenigen entgegen kommenden Booten und nur einzelnen Paddelbooten.
Der Spreewald gehört ganz uns.

Ein Alleinstellungsmerkmal der Region ist u.a. die besondere Form der Heuschober. Sie seien zwiebelförmig, las ich. Aber so ganz stimmt die Bezeichnung nicht mit der äußeren Form überein. Ich würde sie mit der Hälfte eines Rugby-balls vergleichen oder einer runden aufrecht stehenden Pyramide.

Das Heu wird auf einem Holzgestell, das auf Stelzen steht, in mehreren Schichten aufgebracht. Man kann also bei Regen, ist man klein und schmal, hineinkriechen. In der Mitte ragt eine Stange nach oben.

Der Heuschober steht zum besseren Abtransport des Heus gleich neben dem Wasser. Früher soll es viele solcher Heuschober gegeben haben, ich habe nur drei während unserer Fahrt entdeckt.

2013 herrschte ein strenger Winter. In den kleinen Spreewaldhäfen gefror das Eis mehr als einen halben Meter tief, auch das Heu auf den Schobern. Seitdem wird das Heu gerollt.

Diese Rollen sehen wir derzeit häufiger auf den Wiesen.

Ich genieße die Stunde auf dem Wasser. Ein Aufenthalt im Museumsdorf Lehde unterbricht unsere Fahrt, die in Lübbenau enden soll.

LEHDE
ist ein langgestreckter, kleiner Ort mit ca.130 Einwohnern und einer Besonderheit: das Wasser, die Hauptspree, ist die Dorfstraße
Hier im Ort halten die Bootsführer. Wir haben Zeit zum Essen und ins Museum zu gehen.

Das Freilandmuseum ist das älteste in Brandenburg; es dokumentiert das Leben im Spreewald des 19.Jahrhunderts.

Vieles ist so, wie ich es als Kind auch im Erzgebirge noch Mitte des 20.Jahrhunderts vorfand.

Mitunter sind es Kleinigkeiten: das Waschbrett und die Wäscheklammern aus Holz, die Oma auf den Topfboden legte, wenn sie Obst einkochte, die dicken Federbetten, die dunklen Arbeitshandtücher, die bestickten Überhandtücher...

Vieles, vieles erinnert mich.

Auch im Gemüsegarten werde ich fündig, mit Kürbis und Rhabarber beispielsweise. Nur die Wermutpflanze kannte ich nicht, und keiner der angesprochenen Gäste konnte sie mir im Gewürzbeet zeigen.

Eine weitere Besonderheit im Spreewald ist die Giebelgestaltung der Wohn- und Bootshäuser. Sie werden mit gekreuzten Holzbrettern verziert, an deren Spitze sich Schlangenköpfe befinden.

In Lehde sieht man sie an den meisten Häusern, denn Schlangen gelten hier als Glücksbringer. Wenn in der Vergangenheit Hochwasser drohte, dann krochen sie auf die höchsten Stellen der Anwesen und signalisierten den Bewohnern die Gefahr.

Später sah ich in der Stadt, auf dem Weg zum Busparkplatz, eine von einem Künstler geschaffene „Glücksschlange" aus Metall, die bis an den Fußweg gekrochen war.

Nach unserem Aufenthalt in Lehde steigen wir noch einmal in die Boote. Die Strecke nach LÜBBENAU ist wesentlich kürzer.

Der große Hafen von Lübbenau ist belebt; wir fahren zum Aussteigen zunächst vorbei. Unser Bootsführer hat eine eigene Anlegestelle.

Der Ausstieg von den Booten, hinauf auf den Landungssteg, ist komplizierter als das Einsteigen. Ich helfe also kräftig mit. Trotzdem stürzen zwei Männer. Obwohl ich bei dem einen direkt daneben stand und auch zupackte, konnte ich ihn nicht halten. Ich stürzte mit ihm. Keinem passierte ernsthaft etwas. Der Bootsführer versprach, die zum Sturz führenden Löcher am nächsten Tag mit Sand aufzufüllen.

An diesen kleinen Anzeichen sah ich, dass die Gäste schon erschöpft waren, dass es ihnen schwer fallen würde, nach der erneuten Freizeit in der Stadt zum Busparkplatz zu laufen. Ich bot ihnen also an, die Strecke mit einem kleinen Touristenzug zurückzulegen. Ohne dass es langfristig so geplant war, wurde die Fahrt mit dem Tuk-Tuk zum Abschluss ein Highlight.

Meinen Wunsch nach Kaffee verband ich mit dem Besuch des nahe gelegenen Schloss-Hotels.
Auf der Terrasse des im klassischen Stil gebauten Schlosses genoss ich zunächst das belebende Getränk und informierte mich ein wenig über die Geschichte des Schlosses.

Weil der Besitzer, der Graf zu Lynar, 1944 am Attentat auf Hitler beteiligt war, wurde er hingerichtet, sein Eigentum beschlagnahmt. 1991 erhielt die Familie Lynar den Besitz von der Treuhand zurück.
Das Schloss wurde in der Folgezeit Schritt für Schritt in ein 4-Sterne-Hotel umgewandelt. Ich erinnere mich, dass ich vor zirka zehn Jahren einmal mit einer Reisegruppe im Schloss bewirtet wurde. Damals waren wir zum Kaffeetrinken noch nicht in diesem Haus, sondern nebenan in der Orangerie, die zum Schlosskomplex gehört.

Der das Schloss umgebende Landschaftspark hatte mich schon damals fasziniert. Ein Bummel auf gepflegten Spazierwegen, unter den alten Bäumen, vorbei an künstlichen Gewässern, schloss den Kurzbesuch ab.

Vom Unterspreewald kenne ich eigentlich nur BURG, den Ort mit der „Spreewald-Therme".

Am darauffolgenden Tag konnte ich Burg etwas besser kennen lernen. Während unserer Rundfahrt hielt der Bus am Schlossberg.
Einen Berg mit einem Aussichtsturm hatte ich im flachen Spreewald nicht erwartet. Erbaut wurde der Turm anlässlich des 100.Geburtstages des Reichskanzlers Otto von

Bismarck. 1917 wurde er eingeweiht.

Seit 1950 hieß er „Jugendturm", und seit 1990 trägt er wieder den Namen Bismarcks.

Gebaut wurde er mitten im Wald, auf einer etwas größeren Lichtung.

Auf mich wirkte er wie ein Glockenturm, so als sei die Glocke im oberen aufgesetzten Kubus versteckt.

Die von der örtlichen Reiseleiterin vorgegebene Viertelstunde musste für ein Bild und den Aufstieg auf den 27 Meter hohen Turm reichen.

© 2021 Anita Lehmann

Ich lief los, muss aber gestehen, dass ich ein wenig getrödelt hatte. Der einzige Mann, der ebenfalls nach oben wollte, war schon im Innenraum verschwunden, als ich startete.

Die Eingangshalle wirkt massiv, große Majolika-Platten dominieren. Ich steige im Eilschritt und nach Luft ringend die Wendeltreppe hinauf bis zur Aussichtsplattform.

Und dann bin ich enttäuscht; unter mir sehe ich nur Wald und Wiesen. Um meine Gäste nicht warten zu lassen, kehrte ich um, ohne ganz oben gestanden zu haben. Den oberen, vielleicht interessanteren Teil des Weges über die Eisentreppen hinauf zur Feuerpfanne schaffte ich aus Zeitgründen nicht mehr.

Ich kam aber pünktlich zurück.

Die einzelnen Spreearme werden wiederholt mit Schleusen untereinander verbunden.

Ich hatte am Vortag schon beobachtet, wie aus einem Paddelboot einer der beiden Fahrer ausstieg und die Schleuse mittels eines Handrades an Land öffnete. Das Boot mit der verbleibenden Person senkte sich mit dem abfließenden Wasser und glich sich so der neuen Wasserhöhe an. Niemals hatte ich mir Gedanken gemacht, wie ein einzelner Fahrer diesen Vorgang des Schleusens bewältigte.

In der Pause stand unser Bus ganz in der Nähe einer solchen kleinen Schleuse.

Ich sah einem Paddler zu, der allein unterwegs war. Was würde er tun? Er schien den Vorgang als solchen zu kennen, paddelte ans Ufer, stieg aus, holte sein Gepäck aus dem Boot, trug es auf die andere Seite, kam zurück, hob sein Boot aus dem Wasser und schleppte es ebenfalls „über Land" auf die andere Seite. Er umging die Schleuse auf dem Landweg.

Dass ich hinlaufen und „am Rad drehen" könnte, fiel mir erst später ein. Das wäre eine einmalige Gelegenheit gewesen, mich selbst am Schleusen zu beteiligen.

Die Ölmühle von Straubitz und der Gurken-Paule von Lübben waren den Gaumenfreuden während unserer Rundfahrt vorbehalten. Das hier hergestellte Leinöl und die Spreewälder Gurken, ich habe erstmals Honig-Gurken im Gepäck, gehören zu den örtlichen Delikatessen.

Der Fahrer holt uns nach der Freizeit am Nachmittag ab. Bis dahin steht der Bus auf dem Platz in Boblitz, wo am Morgen unsere Kahnfahrt begann.

Diesmal aber warteten wir vergebens auf dem Parkplatz in Lübbenau. Die verabredete Zeit war überschritten. Das passiert selten.

Ich rief den Fahrer an.

Ziemlich aufgeregt/aufgebracht erzählte er, dass gerade eben der Fährmann mit seinem privaten PKW in den stehenden Bus gefahren sei.

Wie konnte das passieren? Es konnte eigentlich nur ein Moment der Unaufmerksamkeit gewesen sein.

Auf dem eingezäunten Wiesenplatz standen nur zwei Fahrzeuge, der Bus und das Auto des Fährmanns.

Die „Verspätung" des Fahrers war nur kurz.

Die Blessuren befanden sich hinten rechts. Sie waren zu sehen, aber die Fahrt selbst beeinflussten sie nicht.

Obwohl der kleine Unfall eine ernst zu nehmende Sache war, konnte ich mir ein Schmunzeln nicht verkneifen und erzählte dem Fahrer, dass ich keine Woche zuvor mit diesem Bus in Italien war.

Eine einheimische PKW-Fahrerin fuhr beim Ausparken in diesen Bus, auch hinten links, gleiche Stelle, als wir vor dem Hotel zum Einsteigen hielten.

Auch da waren es „nur" Beulen und Kratzer.

3. DIE GRÖSSTEN ZIEGELBRÜCKEN DER WELT

Ende Mai 2020.
Der erste Corona-Höhepunkt liegt hinter uns. Ein kleines Familientreffen war geplant. Draußen wollten wir uns treffen, die geografische Mitte der Wohnungen unserer Familie sollte es sein, und nach Möglichkeit wollten wir etwas Neues kennenlernen. Ich erinnerte mich, einen Tagesausflug ins Vogtland begleitet zu haben.

Ich hatte eine Idee: die GÖLTZSCHTALBRÜCKE. Davor gibt es einen größeren Parkplatz und einen „Aussichtsplatz", von dem aus ein besonders guter Blick auf das Viadukt möglich ist.

Als Reiseleiterin ist man immer gut beraten, wenn man die Landschaft, die Städte und Burgen rechts und links der Autobahn kennt, also darüber erzählen kann. Deshalb habe ich mir angewöhnt, einzelne Reiseziele diesbezüglich „unter die Lupe" zu nehmen.

Bevor wir unseren eigentlichen Treffpunkt erreichten, wollte ich die Gelegenheit nutzen, die BURG MYLAU etwas näher kennen zu lernen. Wiederholt war ich schon durch den Ort gleichen Namens gefahren, hatte die Burg jedoch immer nur von weitem gesehen.
Kurz entschlossen bogen wir innerhalb des Ortes Richtung Burg ab, fuhren hinauf und parkten vor dem geschlossenen Tor. Es war noch zu früh am Morgen. Wenigstens „umrunden" wollten wir sie.
Der schmale Weg war kürzlich restauriert worden und noch nicht ganz fertig. Wir mussten also umkehren.
Das störte aber gar nicht, denn die Sicht vom Bergsporn

über die Stadt, das Tal der Göltzsch und die uns umgebende Landschaft des Vogtlandes gefielen uns, sollten unbedingt besucht werden.

Die Burg Mylau ist die am besten erhaltene Wehrburg des Vogtlandes und seit 1893, also schon seit mehr als 130 Jahren, ein Museum.

© 2021 Anita Lehmann

Gegenseitig machten wir uns auf besonders beeindruckende Details aufmerksam: ein sanierter gepflegter Burggraben unter uns, die drei Türme, die das Wehrhafte der Burg besonders zum Ausdruck bringen und das Löwentor, der Besuchereingang.

Obwohl ich die Burg nur von außen sah, gewann ich doch

einen Eindruck und würde bei künftigen Fahrten davon erzählen können.

Pünktlich sind wir dennoch zum Familientreffen; wir stehen am Aussichtspunkt, von welchem man den besten Überblick über die Brücke hat. An dieser Stelle „überschütte" ich auch die Gäste mit den wirklich beeindruckenden Fakten.
Aber es ist nur ein kurzer Aufenthalt.

© 2021 Anita Lehmann

Wenn wir Glück haben, dann fährt ein Zug über die Brücke in 78 Meter Höhe. Er verbindet Leipzig mit Hof und donnert schnell und laut über die 574 Meter lange Brücke. Meine Reisegruppe bestaunt die Zahlen, die ich ihnen nenne, das Baumaterial und die technischen Details. Besonders die Tatsache, dass die Pfeiler etwa 20 Meter tief im Erdboden begründet sind, lässt sie staunen.

Heute laufen wir ein Stück am Ufer des Flusses.
Die Göltzsch ist ein Nebenfluss der Weißen Elster, nur

40 Kilometer lang. Sie hat sich aber sehr tief im Tal ihren Weg gesucht.

Es ist nur ein schmaler Wanderweg, der unter der Brücke hindurch führt. Das Bauwerk lassen wir auf diese Weise auf uns wirken: von vorn, von unten und von der Seite.

Wir laufen tatsächlich durch die wahrscheinlich noch immer größte Ziegelsteinbrücke.

Sie war nach der Einweihung sogar fünf Jahre lang auch das höchste Eisenbahnviadukt der Welt.

Über uns wölben sich in vier Etagen Bögen aus rostrotem Ziegelstein, der in der Nähe gebrannt wurde. Mehr als 26 Millionen Ziegel! Eine nicht vorstellbare Menge, die ab 1846 in Auftrag gegeben wurde.

Es ist beeindruckend, unter dem Brückenbogen zu stehen und zu sehen, wie dieser mächtige Bogen scheinbar aus dem anstehenden Fels herauswächst.

Die Konstrukteure Andreas Schubert und Robert Wilke mussten damals Entscheidungen für zirka 1 700 Arbeiter monatlich treffen, dazu noch über herbeizuschaffendes Material: Ziegel, Bruchsteine, Natursteine und Baumstämme für das Gerüst.

Unser Weg, wären wir ihn weiter gegangen, hätte uns in wenigen Kilometern in die Stadt Greiz geführt. Aber dorthin wollten wir an diesem Tag nicht.

Mittagessen? Besichtigung? Wir mussten uns entscheiden.

Hier, im Vogtland, entwickelte sich Mitte des 19.Jahrhunderts ein bedeutender Standort der Textilindustrie.

Bei den Tagesfahrten besuchen wir deshalb einen Betrieb der „Plauener Spitzen". Regelmäßig landen wir dann beim Fabrikverkauf und genauso regelmäßig erstehen meine

Gäste als Mitbringsel Fensterbilder, Untersetzer, kleine Decken…

Heute lassen wir diesen Teil der Fahrt aus, fahren sofort hinauf zum 511 Meter hohen KUHBERG bei NETSCH-KAU.

Er ist nicht nur die höchste Erhebung des nördlichen Vogtlandes, sondern auch der Ort der vom Reiseveranstalter gewählten Gaststätte, die „Kuhbergbaude". Die Gaststätte hat eine lange Tradition und wird meist auch im Zusammenhang mit dem Aussichtsturm, dem Richtfunkturm und der Modelleisenbahnanlage vor der Baude genannt.

Trotz Corona erhalten wir einen Platz und essen mit großem Appetit.

Danach will ich auf den Aussichtsturm. Nach dem Einwurf von 1 Euro kann jeder durch das Drehkreuz und hinauf steigen.
Von meinen Gästen hat das noch niemand getan.
Eher bleiben sie vor der Modellbahn stehen.

Als „Bismarckturm" wurde er gebaut.

1900 erfolgte die Grundsteinlegung, d.h. er teilt das ehrwürdige Alter mit vielen zu Ehren Bismarcks gebauten Türmen.
Im Juni 2000 wurde aus diesem Grund ein rundes Turmjubiläum gefeiert.
Nun bestieg ich den Gefeierten, der aus Grauwacke aus der Region, Granit und Ziegeln besteht. Von außen zeigt er seine Jahre, aber er wirkt stark und wuchtig.

© 2021 Anita Lehmann

Wer meine anderen Reisetagebücher gelesen hat, weiß, dass ich Jahrzehnte unter Höhenangst litt und jeder Aufstieg ein kleiner Sieg über mich selbst war. Bis zur ummauerten Aussichtsterrasse schaffe ich es, dann aber führt eine Außentreppe hinauf auf das äußere Plateau. Wenn man zu dieser obersten Aussicht will, dann quert man das innere offene Rund und kann 200 Meter hinunter sehen.

Das ist zu viel!

Ich rede mir ein, dass ich von meinem Standpunkt denselben Blick habe und bleibe unten.

Vom weiten Blick über das Land bin ich beeindruckt.

Schön ist es hier; schön ist das Vogtland mit seinen Bergen und Tälern, Wäldern und abgeernteten Getreideflächen, die dazwischen hell schimmern.

In unmittelbarer Nähe, im Ort Jocketa, wurde eine zweite Brücke gebaut (1846-1851).
Die „kleine Schwester der Göltzschtalbrücke", so wird sie oft bezeichnet, erhielt ebenfalls den Namen des Flusses, den sie überquert, ELSTERTALBRÜCKE.

Unvorstellbar, dass sie zum gleichen Zeitpunkt gebaut wurde, von den gleichen Architekten, mit gleichen Materialien.
Eine logistische Meisterleistung!
Das Besondere an dieser Brücke ist, so hatte ich gelesen, dass der Besucher nach einem kleinen Spaziergang die Brücke zu Fuß queren kann.
Also setzten wir uns ins Auto und fuhren nach Jocketa. Es war alles gut ausgeschildert.
Kurze Zeit später standen wir sozusagen in der ersten Etage des diesmal zweistöckigen Baus und liefen über die Brücke auf die andere Seite des Flusses. An dieser Stelle möchte ich aber hinzufügen, dass vom Ort Jocketa nur ein Trampelpfad nach unten zur Brücke führt. Es ist nicht weit, aber beschwerlich.

Die von uns genutzten ADAC-Reisetipps verwiesen darauf, dass am Ende der Brücke, nach einer kurzen Wanderung, ein kleines Highlight zu entdecken sei, eine Felsformation mit dem Namen „Friedrich August-Stein".
Der damalige sächsische König Friedrich August, der 1851 mit dem Zug aus Böhmen kam, habe den Zug an dieser Stelle anhalten lassen und die Aussicht auf das Tal und die Brücke von diesem Felsvorsprung aus genossen.
Den Stein mit der Krone fanden wir, die im Text hervor-

gehobene „gemütliche Gaststätte" war seit Jahren geschlossen.

Auf dem Rückweg teilten wir uns die Brücke mit einem vorbei fahrenden Zug, er oben, wir unten.

Zurück in Jocketa machte uns der Hinweis auf einen „Lorelei-Felsen" neugierig.
Die Lorelei begrüßt doch im Rhein ihre Gäste?
Was wir fanden, war ein wegen eines Felsabbruchs gesperrter Wanderweg und ein kleines Plateau, von welchem man einen Ausschnitt der Brücke sieht.
Es lohnt sich nicht.

Schließlich nutzen wir die Zeit des Familientreffens und fahren zum Stausee an der Talsperre Pöhl.
Ein kleines Gewässer, die Trieb, wird hier gestaut, und ein ebenfalls kleiner Ort, Pöhl, musste dem Wasser weichen, wurde überflutet.

Mit einer Reisegruppe fuhr ich auf einem der Ausflugsschiffe auch schon auf dem See.
Für die Gäste und auch für mich war das ein Moment der Ruhe und des Genießens inmitten der Natur.
Der Tag klingt langsam aus. Wir sitzen am Ufer, blicken auf die letzten Boote und genießen den von Menschenhand geschaffenen Platz.

4. AN DER MULDE-NIMBSCHEN; GRIMMA UND HÖFGEN

Im neuen Jahrtausend hat die Mulde bereits zweimal die Stadt GRIMMA heimgesucht.

Nach dem ersten Hochwasser 2002 war ich das erste Mal mit Gästen in der Stadt.

Viel ist mir davon nicht in Erinnerung geblieben. Die Aufräumarbeiten waren gerade abgeschlossen.

Das sogenannte Jahrhunderthochwasser hatte dreieinhalb Meter hoch in der Altstadt gestanden und Vieles einfach fortgespült.

Wir liefen damals mit einem Stadtbilderklärer von der Anlegestelle der Mulde-Schifffahrt zum Marktplatz. Bestürzt nahm ich die Folgen des Hochwassers in Augenschein. Bei einer Vielzahl von Häusern war im Erdgeschoss der Putz abgehackt worden. Andere waren schon fertig renoviert, aber die unteren Wohnungen waren noch leer, unbewohnt.

Die Stadt hat einen alten Stadtkern, der, allgemein gesagt, aus fünf Parallelstraßen besteht, die wiederum von zirka fünf Straßen gequert werden. Die Westseite wird von der Mulde begrenzt, eine etwas breitere Straße grenzt im Osten die Innenstadt ein.

Es erfolgten eine Reihe von Eingemeindungen, deshalb erscheint dem Besucher die Stadt flächenmäßig größer.

Dann stieg 2013 der Pegel der Mulde erneut. Das zweite Hochwasser in kurzer Zeit traf Grimma.

Vieles gerade Renovierte ging erneut im Wasser unter. Und wiederum waren Aufbauwille und Kraftanstrengungen notwendig, um die Stadt lebenswert zu machen.

Erst 2019 übernahm ich einen Tagesausflug nach Nimbschen, Grimma und Höfgen.

Der Ort NIMBSCHEN war mir nur im Zusammenhang mit dem ehemaligen Zisterzienserkloster bekannt. Damit mir während der Tagesfahrt später kein Fehler unterlief, fuhr ich privat die drei Schwerpunkte ab, denn es war auch für die Stadt kein fachlicher Begleiter vorgesehen.

Zuerst also NIMBSCHEN:
Nimbschen ist eingemeindet, ein Ortsteil von Grimma.

Seit 1291 wurde das Zisterzienser Kloster von Nonnen bewohnt. Zum Kloster gehörte ein großer Landbesitz, der sich an der Elbe und der Mulde erstreckte. Neben der geistigen Arbeit waren die Klosterfrauen in der Landwirtschaft tätig.
Von der Bedeutung des Klosters legen die riesigen erhaltenen Grundmauern Zeugnis ab.
Zum Zeitpunkt der Reformation lebte Katharina von Bora im Kloster, und Ostern 1523 floh sie von dort zusammen mit acht weiteren Frauen.
Luther hatte nach der Bekanntschaft mit Katherina von Bora die Flucht initiiert und vermittelte später auch die anderen Frauen. Er selbst heiratete Katherina 1525.
Sogar der bedeutende Reformator konnte Vorteile aus der Vielfalt der Kenntnisse seiner Frau ziehen, die sie sich im Kloster erworben hatte. Sie kannte sich aus in der Viehzucht und der Bierbrauerei, dem Hospizwesen und der Hotelführung, betreute aber auch die Drucklegung seiner Schriften.
Die Reformation veränderte auch das „Klosterleben". 1536, also 13 Jahre nach der Flucht der Nonnen, starb die letzte Äbtissin.

Das Kloster wurde nur unter wirtschaftlichen Aspekten weitergeführt, und letzten Endes verpachtete es der sächsische Kurfürst.

© 2021 Anita Lehmann

Bei meinem kleinen Spaziergang bin ich von der Weitläufigkeit der ehemaligen Klosterbauten beeindruckt.

Die neuerbaute, kleine weiße Kapelle mit dem Dachreiter auf dem roten Ziegeldach spricht mich auf andere Weise an. Der Grundstein wurde 2010 gelegt, und 2012 wurde sie eingeweiht. Wir konnten nur durch die Fenster von außen in das Innere der Kapelle sehen.

Seit 2011 gibt es den Katharina von Bora-Preis, dessen Schirmherrin Manuela Schwesig ist. 3 000 Euro werden von der Stadt Torgau zur Förderung eines gemeinnützigen Projektes zur Verfügung gestellt, um weibliches Engagement und die Frau an Luthers Seite gleichermaßen zu ehren.

Wo der Preis vergeben wird, konnte ich nicht in Erfahrung bringen. Ich wünschte, in dieser Kapelle.

Der Fahrer für diesen Tagesausflug kam aus GRIMMA, d.h. er wusste genau, wo er den Bus in der engen Stadtmitte abstellen konnte. Auf dem Nikolaiplatz konnte der Bus stehen bleiben.

Ich bot den Gästen an, mit mir gemeinsam zu bummeln. Die meisten Gäste folgten mir.

Glücklicherweise hatte ich vorgearbeitet.

© 2021 Anita Lehmann

Wir begannen unseren kleinen Rundgang am Markt. Sehenswert ist das Rathaus mitten auf dem Platz.

Es wird schon beim ersten Gebäude, das wir uns ansehen, sichtbar, dass Grimma eine sehenswerte Altstadt hat.

Rot und weiß sind die bestimmenden Farben des sanierten

Prunkbaus. Das nach einem Brand im Renaissancestil wieder errichtete Haus ist mehrgeschossig, mit einem beeindruckenden weit heruntergezogenen Dach und einer besonderen Form des Fachwerkgiebels. Besonders elegant wirkt es durch die Freitreppe, die, von beiden Seiten kommend, nach oben verläuft.

Von hier, vom Markt, laufe ich mit meinen Gästen zur Mulde-Brücke, die nach dem ursprünglichen Architekten der Querung noch jetzt Pöppelmann-Brücke genannt wird.

Auf unserem Weg müssen wir am Schloss vorbei, dass schon um 1200 erwähnt und im 16. Jahrhundert in dieser Größe errichtet wurde. In den letzten Jahren wurde es saniert; hier ist das Justizzentrum ansässig.

Historisch betrachtet stehen wir vor dem „Geburtshaus Sachsens", hier wurde mit der Geburt Albrechts von Sachsen 1443 die Herrschaft der Wettiner begründet.

Meine Gäste interessierte das imposante Schloss nur im Zusammenhang mit den Hochwasserschutzanlagen.

Als 2013 die Fluten der Mulde die Innenstadt zerstörten, waren die Schutzanlagen noch nicht fertig. Experten meinten damals, das Hochwasser käme drei Jahre zu früh.
Aber jetzt, bei unserem Rundgang, war das fünf Tonnen schwere Tor fertig zwischen Brücke und Schloss eingefügt. Geschützt werden können auch Fenster, Tore und Türen.

Selten sehe ich die Männer meiner Reisegruppe so heftig im Gespräch miteinander. Die neuen Schutzanlagen interessieren sie ungemein.

Kurz vor diesem Ausflug wurde in der Zeitung eine Information veröffentlicht, in der es hieß, dass die Sanierung der 400 Meter langen, noch erhaltenen Stadtmauer im Wesentlichen abgeschlossen worden sei. Ich wollte mit den Gästen wenigstens dieses besondere Kleinod ansehen, also mit ihnen an der Mauer entlang laufen.

Dadurch wurde auch ein besonders schöner Blick auf die Brücke möglich.
Bekannt gemacht wurde ich mit der Brücke durch ihr Nicht-mehr-Dasein.
2002 wurde sie vom Hochwasser regelrecht weggeschwemmt. Ich kann mich erinnern, dass der Stadtführer bei meinem ersten Besuch darauf verwies, dass die Pöppelmann-Brücke nicht mehr da sei.

2009 wurde der Wiederaufbau begonnen und im August

2012, zehn Jahre danach, konnten Fußgänger und Radfahrer die Mulde an historischer Stelle queren.

© 2021 Anita Lehmann

Aus den ehemals sechs steinernen Brückenbögen wurden vier; auf jeder Uferseite zwei. Der mittlere Abschnitt wird mit einer Stahlkonstruktion überbrückt.
Wenn man nach meiner Meinung fragen würde, dann würde ich schlicht das moderne Wort „passt" verwenden. Aber eigentlich ist es mehr; es ist die Verbindung von Historie und Moderne.

Den Gästen gefiel der Mulde-Stadtmauer-Bummel.
Die kleineren und größeren Häuser hatten ihre schönste Seite dem Fluss zugewandt: Vorgärten, Balkone, hübsche Anbauten an Bürgerhäusern, kleine Häuschen direkt an der Stadtmauer.

All diese reizvollen Anblicke auf 400 Metern!

Fertig kann so ein Mix von Gebäuden und Grün nie sein, aber sehenswert.

© 2021 Anita Lehmann

Auf Höhe der Elisabethkapelle kehrten wir um, aber bis zur ehemaligen Fürstenschule St. Augustin wollte ich noch gemeinsam mit den Gästen laufen.

1550 wurde sie als dritte Fürstenschule Sachsens, nach Meißen und Schulpforta, eröffnet und bis heute als Gymnasium weitergeführt. Neugierig und ehrfürchtig zugleich betraten wir das kürzlich renovierte, langgestreckte Gebäude und standen nach dem Durchqueren des imposanten ersten Gebäudes in einem begrünten, beeindruckenden Atrium

Auf der Klosterstraße (vor dem Gymnasium) trennte ich mich von meinen Gästen, um ihnen noch kurze Zeit für einen privaten Bummel zu ermöglichen, bevor wir mit dem Bus ans andere Ende der Stadt fahren würden.

© 2021 Anita Lehmann

Gleich hinter der Tragseilbrücke, die über die Mulde führt, befindet sich die Abfahrtsstelle für das Schiff nach HÖFGEN.

„Zur Schiffsmühle" heißt die Gaststätte, in der wir erwartet werden.
Vor dem Restaurant schwimmt eine Schiffsmühle, eine von ehemals vielen.
Auch sie war durch die Flutkatastrophen unbrauchbar geworden, konnte aber 2014 wieder funktionstüchtig gemacht werden. Mit Hilfe dieser Schiffsmühle erfolgt die Wasserversorgung eines Springbrunnens im Jutta-Park, der sich unmittelbar hinter der Gaststätte anschließt.

In dieser Gaststätte finden während des Jahres verschiedene thematische Veranstaltungen des Reiseveranstalters statt.

Die Umgebung ist so schön, dass der Besucher sogar in den Pausen Neues entdecken kann, beispielsweise das Schiffsmuseum und den Bergpark, oder man bummelt einfach zum bzw. am Fluss.

So war es auch anlässlich einer bunten Veranstaltung zum Frauentag.

Die Gäste mehrerer Busse unseres Veranstalters genossen sowohl das Essen als auch das bunte Programm.

In der Pause tritt eine aufgeregte Frau an meinen Tisch; sie behauptet, dass ihre teuer erworbene Jacke, die sie an einen vollen Garderobenständer gehängt hatte, gestohlen worden sei.

Die Jacke war tatsächlich nicht mehr da.

Ich versuchte zu beschwichtigen.

Es war Pause, möglicherweise hatte nur jemand die falsche Jacke an.

Noch waren nicht alle Gäste vom Spaziergang zurück, als die Jackenbesitzerin erneut an meinem Tisch stand. Sie hatte ihre Jacke gesehen; sie lag über einer Stuhllehne an einem anderen, größeren Tisch.

Statt die am Tisch Sitzenden selbst anzusprechen, kam sie zu mir.

Nach und nach kamen alle Gäste zurück. Meine „Befragung" ergab, dass niemand wusste, wie die Jacke an den Stuhl kam.

Zwischenzeitlich beschimpften sich die beiden Frauen, die Besitzerin der Jacke und die Frau, über deren Stuhl das Kleidungsstück lag.

„Unmöglich", war noch die geringste Beschimpfung. Ich

konnte nichts zur Aufklärung beitragen. Eigentlich war ich nur froh, dass das 750,- Euro (so die Aussage) teure Kleidungsstück wieder aufgetaucht war.

Aber irgendwie muss ja die Jacke vom Garderobenständer zum Stuhl gekommen sein.

Miss Marble würde es herausfinden, ich aber nicht. Als Reisebegleiterin habe ich mich selbstverständlich bei beiden Frauen für die Unannehmlichkeiten entschuldigt.

Diesmal sind wir als Reisegruppe allein, es gibt keinerlei Zwischenfälle.

Für alle war es ein schöner Ausflug.

5. ADVENTSFAHRT NACH HERRNHUT UND BAUTZEN

Diese Tagesfahrten sind alle sehr gut vorbereitet und wurden schon mehrfach gefahren. Aber, auch hier gilt: der Teufel steckt im Detail.

Morgens waren wir vorbei an Bautzen und Löbau gefahren und standen nun pünktlich mit dem Bus voller Gäste auf dem Parkplatz vor der Herrnhuter Manufaktur.

© 2021 Anita Lehmann

Ich bat die Gäste, solange im Bus zu verbleiben, bis ich uns angemeldet und das Organisatorische noch einmal kontrolliert habe.

Trotzdem folgten die Reisegäste mir sogleich, mehr oder weniger schnell. Von den Verantwortlichen in der Manufaktur wurden sie in einen Raum begleitet, wo ein Film über die historische Entwicklung der Herrnhuter Brüdergemeine gezeigt werden sollte.

Als ich nachfolgte, musste ich feststellen, dass Stühle fehlten.

Die Verantwortlichen beteuerten, es seien genügend Stühle aufgestellt worden. Man brachte nach und nach weitere acht Sitzgelegenheiten. Die Luft im Saal war schnell verbraucht. Die Damen und Herren hatten sich nicht die Zeit genommen, Jacken und Mäntel abzulegen.

Nach Ende des Films drängten sie ebenso schnell nach draußen wie vorher in den Saal.

Nun erst sah ich die Fremden, auch Gäste der Manufaktur, aber nicht meiner Reisegruppe. Mit ein bisschen mehr Ruhe wäre alles viel einfacher gewesen. Aber es kam an diesem Tag noch schlimmer.

Die hier zu sehenden Weihnachtssterne, sogenannte Herrnhuter Sterne, werden in Handarbeit hergestellt. Wir können also zuschauen, wie die großen und kleinen Sterne gefertigt werden.

Herrnhuter Sterne leuchten in der Weihnachtszeit nicht nur in Wohnungen, sondern auch auf Straßen und Balkonen, über Eingangstüren und Gartenanlagen. Ein solcher Stern besteht aus 17 viereckigen und acht dreieckigen Spitzen unterschiedlicher Größe und Farbe.

Anfang des 19. Jahrhunderts bauten die Herrnhuter Kinder zusammen mit einem Erzieher einen solchen aus Pappe und Papier. Damals wollte der Lehrer im Mathematikunterricht die Vorstellungskraft der Kinder schulen.

Die Gäste schauen den Mitarbeiterinnen bei der Arbeit zu, kaufen oder streben schon wieder nach draußen.

Angeregt durch die kleinen „Herrnhuter Büchlein" (Losungen bzw. einzelne Gebetssätze aus der Bibel), die im Verkaufsraum in einem Regal zum Lesen und Mitnehmen lagen, schaute ich nach anderen historischen Details. Mich faszinierte die Information, dass diese, jeweils für ein Kalenderjahr geltenden Losungen, bereits drei Jahre zuvor gezogen und in 50 Sprachen übersetzt werden.

Die Herrnhuter Brüderunität entstand, als 1722 Nikolaus Graf von Zinzendorf protestantische Flüchtlinge aus Böhmen und Mähren auf seinem Besitz siedeln ließ.
Die evangelische Gemeine zählt nicht ganz 600 Mitglieder. Mitglied der Herrnhuter Brüdergemeine zu sein, schließt die Mitgliedschaft in der evangelischen Kirche nicht aus, aber missionarische Tätigkeit gehört in jedem Fall dazu.
Ich war überrascht, als ich las, dass europaweit zirka 22.800 Mitglieder diesen Glauben ausüben.

Kurz vor der genannten Zeit war ich am Treffpunkt vor

der Manufaktur. Ich wollte gemeinsam mit den Reisegästen zur Gaststätte gehen.

Die dort wartenden Gäste teilten mir mit, dass bereits einige Damen und Herren losgegangen seien. Bis zu diesem Augenblick hatte ich noch keine Gaststätte genannt und war nun in der „Zwickmühle". Sollte ich den ersten Gästen nachlaufen? Oder sollte ich auf die letzten Gäste warten, die sich an der vorgegebenen Zeit orientierten und noch im Verkaufsraum waren? Ich entschied mich für letzteres. Dann aber versuchte ich, an den langsamer laufenden Gästen vorbei, auf schnellstem Wege zur Gaststätte zu gelangen.

Bei vielen Tagesfahrten ist der Augenblick entscheidend, an dem die Gäste im Restaurant Platz nehmen. Wenn das geschafft ist, kehrt erst einmal Ruhe ein.

Aber diesmal für mich nicht.

Ich zählte und zählte; im Restaurant fehlte ein Gast. Wo war er oder sie abgeblieben?

Ich hatte während der Busfahrt in der Gaststätte angerufen und Essen für alle Gäste bestellt.

Schließlich rief ich den Fahrer an, der sich noch im Bus befand.

Ja, dort sei eine Frau, sagte er mir. Ihr sei nicht gut, er habe ihr einen Tee gekocht und sie wolle im Bus bleiben.

Das ist ein Beispiel dafür, dass die Information zwischen Fahrer und Reiseleiter nicht immer klappt. Damit war jedoch dieses Problem vorerst geklärt.

Die einzige Bedienung in der Gaststätte war völlig überfordert. Die Gäste drängelten schon wieder. Während die letzten Gäste noch das Essen erhielten, drängten sich die ersten an der Kasse, um zu bezahlen. Keiner hatte ein Lob für das wirklich schmackhafte Essen.

Kurios war: Wir hatten alle die gleiche Entfernung zum Bus. Wir würden alle zur gleichen Zeit mit dem Bus nach Bautzen fahren. Warum also drängen?

Als letzte verließ ich die Gaststätte und fand heraus, dass nebenan noch ein Ladengeschäft der Herrnhuter geöffnet war, wo sich einige Gäste befanden. Vielleicht glaubten sie, hier das perfekte Angebot zu erhalten.

Von dem kleinen Ort HERRNHUT sahen wir leider gar nichts.

Das war für mich Anlass, einige Wochen später privat nach Herrnhut zu fahren.

Das Wahrzeichen der Stadt ist der „Hutbergaltan", ein runder Aussichtsturm, von dem aus man auf die Landschaft zwischen Löbau und Zittau schauen kann oder aber auf den historischen Friedhof der Herrnhuter.

Seit der Gründung der Gemeine (jetzt verwendet man öfter auch den Begriff „Gemeinde“) wurden hier alle Mitglieder bestattet. 6 200 liegende Grabsteine, auch die der Gründungsmitglieder und ihrer Familien, sind hier zu sehen. Wir versuchen, den einen oder anderen Namen zu entziffern. Aufgrund der Verwitterung der Steine ist das erst bei den weniger zurückliegenden Jahren möglich.

In der Oberlausitz, nur zwei Kilometer entfernt, bewohnte Graf von Zinzendorf in Berthelsdorf ein Schloss, in welchem nicht nur die „Herrnhuter Losungen“ gezogen werden; es ist auch das Zentrum der Brüder-Unität. Das Schloss wurde nach 2000 denkmalgerecht saniert und ist jetzt kultureller Teil der Region.

Noch einmal kehrten wir ins Zentrum der kleinen Stadt zurück.
Wenigstens durch das Fenster wollen wir einen Blick auf den Betsaal oder Kirchensaal werfen. Er ist geschlossen, die Stühle sind übereinander gestapelt. Handwerker gehen ein und aus. Er wird renoviert. Zur 300-Jahr-Feier von Herrnhut 2022 wird der Kirchensaal fertig saniert sein.
Vielleicht kann ich die Gäste beim nächsten Besuch wenigstens dazu veranlassen, mit mir die wenigen Schritte bis zum Zentrum zu gehen. Es ist wirklich nicht weit.

Den Nachmittag werden wir in BAUTZEN verbringen.
Ich hoffte, dass die Gäste von der Stadt ebenso begeistert sind wie ich.

Der Bus hält direkt an der alten Stadtmauer nahe dem Reichenturm.
Scheinbar zielstrebig entfernen sich meine Gäste.

Mein Tipp für die zweieinhalb stündige Freizeit war ein

kleiner vorweihnachtlicher Rundgang vom Reichenturm zum Hauptmarkt, vorbei am Rathaus zum Dom, weiter zur Ortenburg und danach vielleicht noch hinunter zur Spree und zur Alten Wasserkunst.
Ich wollte selbst diese Runde gehen.

Bautzen trägt den Beinamen „Stadt der Türme". Nähert man sich der Stadt, sieht man gleich mehrere Turmspitzen der ältesten Oberlausitzer Stadt, die einst auf einem Granitfelsen gegründet und von wehrhaften Mauern umgeben wurde.

Ich beginne am runden Reichenturm an der Ostseite der Stadt. Es ist ein „schiefer Turm" mit einer Abweichung von 144 Zentimetern. Man sieht die Neigung mit bloßem Auge, er scheint, im Gegensatz zu seinem runden Bruder in Pisa, jedoch auf festem Grund errichtet und gehört als Schutzturm seit dem 15.Jahrhundert zur Stadt.

Es ist kühl an diesem Tag, deshalb trödle ich nicht und laufe direkt zum Petri-Dom.
Das Gotteshaus ist in der Art seiner Nutzung eine Besonderheit. Ich betrete eine Simultankirche, d.h. sie wird von Katholiken und Christen gemeinsam genutzt. Den vorderen Teil des Saales, den Chorraum, nutzen die gläubigen Katholiken, und die evangelischen Gläubigen üben ihren Glauben im Langhaus aus. Äußerlich werden die Konfessionen durch ein schlichtes Metallgitter getrennt. Jede Glaubensrichtung hat eine eigene Orgel.
Ich betrete die Kirche und bin sofort von der Schlichtheit beeindruckt; kein Pomp wie in anderen katholischen Kirchen.

Es musste bei dem Vorsatz bleiben, die 214 Stufen zur

Aussichtsplattform hinauf zu steigen.

Als ich aber hörte, dass es eine aktuell noch bewohnte Türmer Wohnung gibt, war meine Enttäuschung noch größer.

Aber ich kann mir nun die Blumenkästen oben am Turm erklären.

Von meinen Gästen traf ich im Innenraum niemand. Ich war zu diesem Zeitpunkt der einzige Besucher im Dom

Über die Schlossstraße laufe ich danach zur Ortenburg, eine im gotischen Stil auf einem Felsen thronende Burg, die die Herrschaft des jeweiligen Landesherrn repräsentierte.

Während ich die Ortenburg umrunde, sehe ich unter mir immer den Verlauf der Spree, die sich um das Granitplateau windet.

Da ich auf einem Weg außerhalb der Burg laufe, sehe ich alle Gebäude nur von der Rückseite, habe aber „als Ersatz" den Blick über den Spreebogen auf die Landschaft der Westlausitz.

Es wird immer kälter, der Wind pfeift.

Ich erinnere mich, vor Jahren an einem Ostertag hier gewesen zu sein. Damals behauptete die Fremdenführerin: „In Bautzen zieht der Wind zu jeder Jahreszeit heftig durch die Gassen." Es stimmt.

Damals waren wir auch im sorbischen Museum in der Ortenburg. Der Leiter der Einrichtung trug während der Begrüßung einen Dudelsack unter dem Arm und ließ uns wissen, dass die Sorben den Dudelsack erfunden hätten.

Die Sorben?

Den Dudelsack?

Ich brachte diese Art von Musik bisher nur in Verbindung mit Schottland und Irland. Zuhause las ich also nach und

fand heraus, dass hier ein historischer Irrtum vorliegt. Die Wissenschaft lässt die Beantwortung der Frage nach der Erfindung des Dudelsacks noch offen.
Interessant.

Mein Allein-Spaziergang endet mit einer Ruhepause bei Kaffee und Kuchen.
Dafür war immer noch genügend Zeit.

Der Bus war pünktlich, die Gäste des heutigen Tages noch pünktlicher.

6. ERZGEBIRGSWEIHNACHT IN PÖHLA

Nieselregen, starker Regen, Schnee…
Das waren unsere Reisegefährten auf dem Weg nach
PÖHLA.
Wer kennt Pöhla?
Sicherlich sind das außerhalb des Erzgebirges, außerhalb
Sachsens, nur wenige Menschen.
Unsere vorweihnachtliche Fahrt hatte das dortige Besu-
cherbergwerk zum Ziel.

Nach zwei Stunden Fahrt waren wir in Schwarzenberg angekommen. (Pöhla ist ein Ortsteil der Erzgebirgsstadt
Schwarzenberg.) Erstmals sahen wir nunmehr die Aus-
schilderung „Bergwerk Pöhla".
Pünktlich, zur geplanten Zeit, hielt unser Bus vor dem
Huthaus, dem ehemaligen Versammlungsraum der Bergleute vor und nach der Schicht im Schacht.

Alle 40 Gäste erhielten von den verantwortlichen Bergfüh-
rern gelbe Schutzhelme.
Diese Helme wurden entsprechend der Kopfgröße ange-
passt.
Über 100 Stufen führte der Weg hinunter zur Grubenbahn.
In jedem Wagen der kleinen Transportbahn quetschten
sich vier bis sechs Leute, je nach Größe und persönlichem
Umfang.
Ich wurde aufgefordert, mich neben eine Frau mittlerer
Statur zu setzen, neben ihrem Partner hätte ich keine
Chance gehabt. So also, fest gedrückt zwischen Dame und
Innenwand der Bahn, erlebte ich die 15 minütige Einfahrt
über drei Kilometer in den Berg. Obwohl unser Tempo

immer nur 8-10 Kilometer betrug, rumpeln und quietschen die Wagen, und man hatte das Gefühl, nicht über Schienen, sondern über Kopfsteinpflaster zu fahren. Die Fenster und Einstiege waren zu Beginn der Fahrt mit „Leder Rollos" verschlossen worden.

Ich versuchte, durch einen schmalen Schlitz zwischen Rollo und Wand etwas zu erkennen. Viel war es nicht: vier Rohrleitungen und andere, wahrscheinlich elektrische Leitungen befanden sich an der steinernen Wand, von der Art der Gesteine konnte ich nichts sehen, alles war dunkel, schummrig.

Nach einer Viertelstunde etwa rollte der Zug aus. Jetzt sind wir also im Berg, genauer gesagt im Besucherbergwerk.

Nach dem zweiten Weltkrieg begann eine fieberhafte Suche nach verschiedensten Erzen, auch in den alten Gruben des Erzgebirges. Diesen Vorgang bezeichnen die Bergleute als „Berggeschrei".

Uranpechblende wurde gesucht und tatsächlich größere Vorkommen ausfindig gemacht.

1967 kam die SDAG Wismut nach Pöhla, mit dem Ziel, die Lagerstätten Tellerhäuser abzubauen (Beginn 1979). Mit dem Vortrieb der Stollen und Schächte wurden die größten Zinnvorkommen Europas entdeckt.

Begleitet von Bergführern liefen wir durch verschiedene Stollen, erfuhren in knappster Weise etwas über die Arbeit der Bergleute. Da ich aber immer am Ende der Gruppe lief, konnte ich nur den Schluss der Erklärung hören, in der immer wieder auf fachkundige Bergwerksführungen verwiesen wurde. Unsere war eine „Kurzführung".

An einem Ausstellungskasten, der in den Berg getrieben worden war, blieb ich stehen. Hier waren die verschiedenen Gesteine ausgestellt und benannt. In allen Grautönen sah ich Steine: weiß, rosé, braun, dunkelgrün und marmoriert. Ich erkenne Gneis… Und das war es schon. Aber ich bin beeindruckt von der Gesamt-Kulisse, die sich mir bietet.

Leider habe ich auch diesmal wieder einen Gast dabei, der das Vorwärtskommen der Gruppe erschwert. Es muss unter solchen Bedingungen immer gewartet werden, bis alle Gäste zum Bergführer aufgeschlossen haben; dann gibt er seine knappen Erläuterungen. In diesem Falle ging der Gast mit zwei Gehhilfen, trug aber trotzdem nur ganz besondere orthopädische Schuhe mit Klettverschluss in der Art einer Sommersandale. Obwohl seine Frau sehr um ihn besorgt war, fürchtete ich die ganze Zeit, dass er irgendwo ausrutschen könnte.
Als ich ihn am Morgen des Ausfluges gefragt habe, ob er denn um die Beschwerlichkeit des Ausfluges wisse (in der Werbung war extra darauf hingewiesen), habe ich eine bitterböse Antwort bekommen.

Unsere Führung unter Tage endete mit einem Bergwerks-Schnaps, einem Dank und dem im Gebirge üblichen Gruß „Glück auf".

Der Höhepunkt unseres Ausfluges war die „Mettenschicht". Eine Bühne und Plätze für die Zuschauer waren in einem riesigen „Stein-Dom" vorbereitet, in einer Steinkammer oder Steinhalle. Weil es für mich so unendlich festlich war, schreibe ich das Wort „Dom".
Eine Mettenschicht ist alte bergmännische Tradition.

Ursprünglich bezeichnet man die letzte Schicht eines Jahres so.

Der Steiger lud die Bergleute zum Abschluss des Jahres ins Huthaus ein. Dem bergmännischen Brauch entsprechend hielt er dort eine Rede oder Predigt; es wurde gesungen; man dankte für den Bergsegen und man gedachte der Bergleute, die für immer im Berg geblieben waren.

Die Mettenschicht endete damals und endet auch bei unserem Ausflug mit einem einfachen deftigen Abendbrot und Getränken, mit der Bergvesper.

Im Ablauf unseres heutigen Ausfluges folgte nun das weihnachtliche Programm.

Fünf Musiker mit Blasinstrumenten, gekleidet in der traditionellen Kleidung, die auch von den Bergaufzügen bekannt ist, betraten die Bühne. Sie erfreuten uns mit ihrem Spiel.

Wieder einmal wurde die enge Verbindung christlicher Gesänge und Lieder, die man im Erzgebirge als Volkslieder im weitesten Sinne singt, deutlich. Zum Schluss, als das „Steigerlied" gespielt wurde, standen alle Zuhörer auf, und wir sangen gemeinsam alle Strophen.

Nicht nur ich war von der Stimmung in der festlich beleuchteten Halle berührt.

„Glück auf!" ist für den Bergmann und den Gebirgler Gruß, Wunsch und Herzenssache.

Die riesigen Ausmaße der Zinnkammern, in denen wir uns befinden, werden durch die weihnachtliche und farbige Beleuchtung noch verstärkt: grün, violett, rot, blau und festliches helles Licht als Schmuck der Weihnachtsbäume.

Als nächster Programmpunkt folgte die Bergwerks-Vesper unter Tage.

Brote mit Fett, Käse, Blut- und Leberwurst waren vorbereitet, dazu verschiedene Getränke. Ich holte mir etwas zu essen, stellte mich, wieder mit dem Blick auf die beleuchteten Zinnkammern und den unterirdischen Konzertsaal, an einen kleinen Bistrotisch und ließ „meine Mettenschicht" noch einmal Revue passieren.

Dann erfolgte unweigerlich die Auffahrt.
Da ich ziemlich zum Schluss zur Grubenbahn kam, waren einige Züge schon gefahren, mir wurde ein einzelner Platz zugewiesen. Wir ratterten nunmehr die 3 000 Meter zum Huthaus zurück.

Draußen war es währenddessen Winter geworden. Nasser Schnee bedeckte die Wege. Geräumt war noch nicht.
Mit Rücksicht auf unseren Gast, der mit zwei Stöcken und ohne festes Schuhwerk unterwegs war, parkte der Fahrer den Bus in ziemlicher Nähe des Einganges.
Diese gut gemeinte Handlung brachte ihm schwerste Kritik von den Bergführern ein. Gegenseitige Vorwürfe und mit Beschwerden drohend, suchten beide Seiten immer neue Argumente.

Der Zauber der Mettenschicht war gebrochen. Ich war wieder im Alltag.

7. ZWEI DER „SEHENSWERTEN DREI"

Weshalb unser Reisebus bei dieser Tagesfahrt nicht voll besetzt war, konnte ich mir nicht erklären. Die Entfernung beträgt nur rund 100 Kilometer Luftlinie. Körperliche Belastungen konnten also nicht der Grund sein, auch nicht der geplante Termin für die Tagesfahrten.

Im Gespräch mit den Gästen erfuhr ich, dass die meisten Gäste schon einmal dort waren, aber vor langer Zeit.

Ich jedenfalls freute mich auf beide Ziele des heutigen Tages, das SCHLOSS AUGUSTUSBURG und das SCHLOSS LICHTENWALDE. Zusammen mit der Burg Scharfenstein werden sie die „Sehenswerten Drei" genannt.

Durch einen Unfall auf der Autobahn in Richtung Chemnitz werden wir gezwungen, „über Land" zu fahren: Hainichen-Oederan-Flöha.

Ich habe lange überlegt, ob ich die Gäste aufmerksam mache auf die Veränderungen in der Region nach 1989: die Betriebe stillgelegt, die Menschen abgewandert…, dann habe ich mich doch auf die Landschaft und die Geschichte des Landstrichs beschränkt.

In Flöha aber, wo die äußere Hülle der Alten Baumwolle noch steht, habe ich dann doch ein Foto gemacht. Ein großer imposanter Ziegelbau, so steht das Fabrikgebäude am Fluss. Es wird noch genutzt, aber kleinteilig. Die Baumwolle ist Geschichte.

Der Bus bringt uns nun stetig aufwärts zur Augustusburg, die auf dem Plateau eines 515 Meter hohen Porphyr-Felsens steht.

Bis ins Jahr 1528 stand auf dem Gipfel des Schellenberges

eine mittelalterliche Burg, die Schellenburg. Durch Blitzschlag und Brand wurde sie teilweise zerstört.

Erst rund 40 Jahre später, als Kurfürst August (1526-1586) die Macht und den Reichtum der Wettiner unterstreichen wollte, ließ er die Trümmer beseitigen und ein Jagd- und Lustschloss an dieser exponierten Stelle zwischen den Tälern der Flüsse Flöha und Zschopau errichten.

Der Kurfürst selbst soll den Bauplan für dieses Renaissanceschloss entworfen haben; er war der Landesherr, aber in diesem Falle auch der Bauherr. Die neue Burg auf dem Schellenberg erhielt demzufolge den Namen seines Bauherrn.

Es ist ein weit verbreiteter Irrtum, dass August der Starke die Burg erbauen ließ.

In der Genealogie ist Kurfürst August (1526-1586) der Ur-Urgroßvater Augusts des Starken (1670-1733). Der Kurfürst lebte also lange vor der Zeit Augusts des Starken.

Das Schloss soll sogar während der Regentschaft August des Starken kaum eine Rolle gespielt haben.

Der Erbauer nutzte, wie später sein Ur-Urenkel, die verschiedensten fremden Geldquellen. Er beauftragte den Kaufmann, Baumeister und Bürgermeister von Leipzig mit dem Bau und ließ sich von ihm auch das Geld vorstrecken. Woher Bürgermeister Lotter das Geld für einen so großen Bau nahm, wird nie erwähnt. Jedenfalls bekam er es von den Wettinern niemals zurück. Seine Arbeit wurde nicht gewürdigt, kurz vor Beendigung der Bauarbeiten wurde er wegen zu hoher Baukosten sogar entlassen.

Ein neuer Bauherr (von Lynar) stellte 1573 die Anlage weitgehend fertig.

Aber immer blieb Kurfürst August der eigentliche „Architekt".

Wir blicken während des Hinauffahrens auf einen komplexen, in sich geschlossenen Vierflügelbau, weiß leuchtend mit terrakottafarbigen Umrahmungen und Hervorhebungen der Fenster, Hausecken und Giebel. Der schwarzblaue Schiefer der Dächer bildet einen scharfen Kontrast.
Der gesamte Bau ist klar gegliedert, monumental und beeindruckend.

Der Fahrer hält auf dem Parkplatz unmittelbar vor dem Schloss, und ich bringe die Gäste in den Schlosshof.
Wie immer brauchen wir nach 90 Minuten dauernder Fahrt eine Toilette. Die Anlagen sind großzügig gebaut, haben aber zwei Ein- bzw. Ausgänge. Während ich mit der Burgführung im Hof warte, entweichen mir einige Damen in den Souvenirladen. Jedenfalls fand ich die Frauen dort.
Nun vollzählig, konnte ich meine Gäste der Burgführung übergeben und als helfendes Schlusslicht fungieren.

Von den Ausführungen hörte ich deshalb wenig. Schon das allein war ein Grund, um privat wieder hierher zu kommen.

Ob es nun im Venussaal die Wandmalereien aus dem 16.Jahrhundert waren oder das moderne Hochzeitszimmer, das Meißner Porzellan in den Durchgangszimmern, die Schlosskirche mit den umlaufenden Emporen und dem vergoldeten Altar und der barocken Orgel; ich hätte überall länger verweilen wollen.

Die anschließende freie Zeit benutzte ich, um wenigstens einmal außerhalb der Burgmauern um das Schloss zu laufen und von hier in alle Himmelsrichtungen ins Erzgebirge zu sehen.
Die Augustusburg wird in der Literatur auch als „Krone

des Erzgebirges" bezeichnet.

Ich nahm früher an, dass es die Umschreibung für die Größe und Mächtigkeit der Burg ist. Jetzt fand ich eine andere Begründung, die ich treffender finde: die vielfältig untergliederte Dachform hat, von oben betrachtet, die Form einer Krone.

Ich stehe vor dem 1421 gepflanzten Lindenbaum, der vor fast genau 100 Jahren verkehrt herum, also mit den Wurzeln nach oben, in die Erde gebracht wurde. Er wuchs und ist nun ein Wahrzeichen des Schlosses. Stünde nicht das erklärende Schild dabei, hätte ich die Besonderheit nicht einmal erkannt.

Ich beeilte mich, weil ich noch Zeit für den Schlosshof mit den vier Ecktürmen haben wollte. Sommerhaus, Lindenhaus, Hasenhaus und Küchenhaus heißen sie. Alle Wohntürme sind klar gegliedert und miteinander durch langgestreckte Gebäude verbunden, so dass eine Vierflügelanlage entstand. Nach der Fertigstellung kamen 1573 der Uhrturm und der Glockenturm dazu, und wieder ein Jahr darauf der Wachturm. Die Anlage war nunmehr komplett.

Nur eines fehlte, um das Renaissanceschloss perfekt zu machen. Wasser.

Ein Höhepunkt des Rundganges ist der abschließende Besuch des Brunnenhauses. Neun Jahre lang wurde unter Leitung eines Freiberger Brunnenbaumeisters, mit dem Namen Hans Planer, gegraben, bis man in 130,6 Meter Tiefe auf Wasser stieß.

Ich schaue hinunter und sehe in meiner Vorstellung Bergleute, die hier in dieser Enge, in dieser Tiefe, ohne die technischen Mittel von heute graben mussten. Eine Schinderei! Aber ohne Wasser war das festliche, höfische Treiben hier oben undenkbar.

Es blieb weder Zeit für das Kutschenmuseum, noch für die moderne Art der Fortbewegung, das Motorradmuseum. Folglich gibt es weitere Gründe fürs Wiederkommen.

Inzwischen sind Monate vergangen, ich bin zum wiederholten Male hier, diesmal in der
STADT AUGUSTUSBURG.

Aus dem ehemaligen Ort Schellenberg am Hang des Berges wurde 1899 offiziell die Stadt Augustusburg. Die Geschichte der Stadt ist eng verknüpft mit der Geschichte der

Burg: Zerstörungen während des 30-jährigen Krieges, Nutzung durch die Armee Napoleons ebenso wie während der faschistischen Zeit und der beiden Weltkriege.
Erst 1957 begannen Erhaltungs- und Restaurierungsarbeiten in der Stadt.

Alle größeren Straßen führen nach oben, sie sind schmal und haben Kopfsteinpflaster. Die Bürgerhäuser auf der Hauptstraße wurden restauriert. Auf Tafeln, neben dem Hauseingang, lese ich die „Geschichte des Besitzes" dieser Häuser. Die Besitzer bzw. jetzigen Bewohner sind stolz auf Geleistetes.

Der Markt ist ebenfalls mit Kopfsteinen gepflastert, blitzsauber und menschenleer. Scheinbar sind nur wenige Besucher in der Stadt.

Wir sind im Monat Oktober, und es ist Corona-Zeit. Der Blick vom Markt auf die protestantische Stadtkirche St. Petri und auf schmucke Fachwerkhäuser lässt mich vergessen, dass es eigentlich viel belebter sein müsste.

Der entscheidende Grund für meinen Kurzbesuch zu diesem Zeitpunkt war die Information, dass die DRAHT-SEILBAHN von Erdmannsdorf (eingemeindeter Ortsteil) nach Augustusburg fertig saniert wieder in Betrieb ist.

Unter Beachtung der Corona-Regeln konnte ich sogar mit der Bahn fahren.
Die Wiedereröffnung im März 2020 fiel zeitlich mit dem Beginn der Corona-Erkrankungen zusammen.

Eröffnet wurde die Bahn 1911; sie ist also wirklich, wie es im Prospekt steht, eine „alte Lady".

Ich bin auch hier fast allein in der frisch gestrichenen Talstation in Erdmannsdorf und auch fast allein in der Bahn, sowohl bei der Auffahrt als auch wieder zurück.

Außen und innen sieht die Lady wie neu aus, vor allem aber wurden die Wagen und ihre Steuerungen erneuert, und auch die Schwellen waren ausgetauscht worden.
Die Bahn ist einspurig, aber auf der Hälfte der Strecke gibt es eine Ausweichstelle, wo sich die Bahnen direkt begegnen. Das ist spannend.
Nach nur acht Minuten Fahrzeit bin ich am oberen Bahnhof angekommen.

Die Bahn hat mit mir einen Höhenunterschied von 168 Metern auf einer Länge von 1.239,8 m zurückgelegt.

Seit dem Juni 2006 gibt es eine neue Attraktion, den Drahtseilbahnlauf.
Unter dem Slogan „Mensch gegen Maschine" wurde ein sportlicher Wettstreit ins Leben gerufen, bei dem jedes Jahr neu die Frage gestellt wird: Wer ist schneller, der Mensch oder die Maschine?
Parallel zur Bahn laufen Sportler die Strecke von Erdmannsdorf nach Augustusburg. Ich habe versucht, den Laufweg mit den Augen zu verfolgen, es war mir nicht möglich. Nicht immer verlief er direkt neben den Schienen,

mitunter wurde er von Felsen und Gebüsch verdeckt. Die Sportler müssen die Steigung ebenso überwinden wie die Bahn.

Meine Hochachtung gilt den Sportlern, die die Herausforderung der Maschine annehmen.

In diesem Jahr fand der Wettstreit nicht statt.

Ich konzentriere mich wieder auf den heutigen Tagesausflug.

In der Katalogfahrt des Veranstalters ist der Besuch eines zweiten Schlosses am Nachmittag vorgesehen.

Das BAROCKSCHLOSS LICHTENWALDE
befindet sich nur wenige Kilometer entfernt, ebenfalls auf einem Felsplateau über der Zschopau. Dort sind das Mittagessen, eine Schlossbesichtigung und Freizeit im Schlosspark vorgesehen.

Ich vermute, dass zwei Schlossbesichtigungen an einem Tag für meine Reisegäste zu anstrengend sind. Nach dem morgendlichen Rundgang und dem wirklich guten Essen hier im Schlossrestaurant sind sie müde.

Letzten Endes entscheiden sich doch fast alle, an der Schlossführung teilzunehmen.

Wir erfahren, dass es in diesen Mauern viele Besitzerwechsel gab, bis im 18.Jh. die Grafen Watzdorf den Landstrich erwarben und ein neues barockes Schloss an die Stelle des alten Schlosses bauen ließen, das nach seinem vorherigen Besitzer „Harras-Schloss" hieß.

Der „Harraskeller" (Restaurant) und auch das „Restaurant Vitzthum" (Vitzthum war der letzte Besitzer bis 1945) erhielten die Namen der ehemaligen Besitzer des Schlosses. Nach dem Krieg wurde es verstaatlicht und ist jetzt im Besitz des Freistaates Sachsen.

Es gibt so vieles hier am und im Schloss, das ich mir gern gründlicher ansehen würde, beispielsweise schon der Haupteingang.
Ich war durch eine Baumallee gelaufen, die sogenannte Schlossallee, deren Bäume entlang der Parkmauer gepflanzt worden waren und direkt zur Eingangstür führen. Von hier geht der Blick hinauf zur Turmspitze des Haupthauses. Es ist alles harmonisch aufeinander abgestimmt.

Im Inneren befindet sich eine prachtvolle Doppeltreppe. Rechts und links des Aufgangs stehen liebliche Putten. Ich konnte gar nicht aufhören, sie zu fotografieren.

Zu Beginn des kleinen Rundganges im Schlosshof fasziniert mich der chinesische Pavillon, der 1722 gebaut wurde
und äußerlich alle Kriegsereignisse überstand (nach 2000
restauriert). Auf ihn schaut man direkt, wenn man den
Schlosshof durch den Haupteingang betritt. Er ist die
letzte Begrenzung unmittelbar vor dem Felsabbruch ins
Tal der Zschopau.
Staunend stehe ich vor der kleinen, leider geschlossenen
Kirche.

Ich folgte auch hier meinen Gästen in die historischen Sa-
lons: die ehemalige gräfliche Bibliothek, heute ein perfek-

ter Saal für Trauungen, den Roten Salon und das Chinesische Zimmer.

Für den Besuch des Schlossparks hatte jeder einen Plan erhalten. Eine reichliche Stunde blieb, um den zehn Hektar großen Garten zu entdecken.
Angelegt wurde er im 18.Jh. (1730-1737), seine Wiederherstellung dauerte wesentlich länger, von 1954-2004.

Zunächst laufe ich entlang der Hauptallee mit den 94 hohen, mächtigen Linden. Beeindruckende Sichtachsen öffnen sich nach rechts und links. Im Mittelpunkt dieser befinden sich Wasserbassins und Springbrunnen, und um diese Brunnen Blumenrabatten und gepflegte Spazierwege mit vielen Steinbänken.
Die einzelnen Bassins sind durch Hecken voneinander getrennt.
Mein Ziel sind die „Sieben Künste“:
Wie in einer Theaterarena öffnet sich die Landschaft vor mir. Links und rechts flankieren Pavillons aus Stein „die Bühne“.
Ich setze mich auf einen der „Theaterstühle“ und genieße das Erlebnis.
Wasserspiele mit Musik!
Dabei schaue ich voraus in das schmale, tief eingegrabene Tal der Zschopau, deren Wasser am Horizont im Sonnenlicht glitzert.
Obwohl ich mehrere „singende Brunnen“ kenne, habe ich noch keinen in so bezaubernder Landschaft erlebt.
Anschließend gehe ich ganz nah an das äußere Halbmondbecken heran, um weit hinunter ins Tal zu schauen und entschließe mich, den Rückweg auf einem schmaleren Weg, unmittelbar am Fels, zu gehen. Dabei kann ich sozusagen von Aussichtspunkt zu Aussichtspunkt laufen.

Auf der anderen Seite des Gartens sehe ich durch die Hecken eine moderne Ergänzung der historischen Anlage, einen „Bücherwagen".

„Gib und nimm" ist das Motto; hier kann man tauschen, während des Aufenthalts lesen oder auch seine eigene Lektüre spenden. Das gefällt mir.

Beim Verlassen des Parkes, schaue ich noch einmal auf die Schildchen, die an beiden Seiten der Mauer angebracht worden waren. Es sind Namen von Baumpaten, die aus ganz unterschiedlichen Gründen übernommen wurden. Eine schöne Idee!

Ähnliches sah ich schon in den Rosengärten, in Gartenanlagen, die zu Restaurants gehören, in den verschiedenen Landesgartenschauen…

Das Fazit nach diesem Ausflugstag ist recht unterschiedlich:

Für mich war der Tag abwechslungsreich, aber meine Gäste meinten mehrheitlich, dass der Besuch von zwei Schlössern zu viel für einen Tag sei.

Ein Fakt blieb bis zum Ende für mich ungeklärt.

Irgendwo hier musste sich der sagenumwobene „Harras Felsen" befinden, benannt nach dem Ritter Dietrich von Harras, dem ehemaligen Besitzer von Ort und Schloss Lichtenwalde.

Ich fragte mehrere Angestellte im Schloss, im Restaurant und im Park. Keiner konnte exakt Antwort geben.

Erst der Gärtner…

Er erklärte, man müsse vom Schloss aus hinunter zum Fluss, dann etwa 20 Minuten am Fluss entlang laufen, eine

Brücke queren, unter dem Eisenbahntunnel hindurch gehen und wieder hinauf auf den Felsen steigen.

Diese kleine Exkursion musste ich verschieben.

Noch im selben Jahr (2020) fuhren wir privat mit dem Auto von Dresden Richtung Chemnitz, bis nach Frankenberg und von dort bis Altenhain.
Im Ort ließen wir das Auto stehen und liefen entlang des Altenhainer Baches bis zur Eisenbahnbrücke unmittelbar neben dem Fluss Zschopau Vor der Brücke führt ein steiler Fußweg hinauf zum HARRASFELSEN.

Ritter Dietrich von Harras (in der zweiten Hälfte des 15.Jahrhunderts Besitzer von Lichtenwalde) stritt mit dem Schlosshauptmann von Schellenberg (heute Augustusburg), und während einer Auseinandersetzung geriet er in einen Hinterhalt seines Gegners.
Er rettete sich durch den Sprung von einem etwa 35 Meter hohen Felsplateau: das Pferd versank in der Zschopau, aber der Ritter überlebte.
So erzählt jedenfalls die Sage.

Der Freiheitsdichter Theodor Körner (1791-1813) studierte an der Freiberger Bergakademie Geologie.
Während einer Expedition stieg er auch auf den Harrasfelsen, und von der Sage inspiriert, schrieb er die Ballade „Harras, der kühne Springer".

…(Die letzte Strophe von der daneben stehenden Tafel habe ich abgeschrieben.)

„Und der kühne, gräßliche Sprung gelingt,
Ihn beschützen höh're Gewalten;

Wenn auch das Roß zerschmettert versinkt,
der Ritter ist wohl erhalten;
Und er theilt die Wogen mit kräftiger Hand,
Und die Seinen stehn an des Ufers Rand
Und begrüßen freudig den Schwimmer.
Gott verläßt den Mutigen nimmer."

Dem Dichter zu Ehren steht auf dem Felsen das „Körner-Kreuz"; im frühen Herbst 2020 wurde es erneuert.

8. INS GEBIRGE

Gern nehmen besonders unsere älteren Gäste die Tagesfahrten wahr, die nicht mit körperlichen Anstrengungen
verbunden sind, aber ein buntes Programm und ein Zu-
sammensein mit Gleichaltrigen und Gleichgesinnten ver-
sprechen. Die Anfahrt ist dann meist kurz.
Häufig fahren wir ins Gebirge, ins ERZGEBIRGE.

Die Kombinationen der einzelnen Erlebnisteile sind un-
terschiedlich, der Anlass ist entscheidend: Mittagessen,
Kaffeetrinken, buntes Programm, Tanz, Kutschfahrt oder
Schlittenfahrt…

Im Prinzip beginnt eine solche Kurzfahrt wie jede andere
auch. Der Reisebegleiter fragt nach dem Namen der Gäste
und vergleicht diesen mit einem Sitzplan, den er vom Rei-
sebüro erhält.
Bei dieser hier geschilderten Reise gab es keine Überein-
stimmung. Ich suche den mir genannten Namen auf meinem Blatt.
Die Dame wird unruhig, schaut mir über die Schulter, weil
sie annimmt, ich könne ihn nur nicht finden. Nach einem
Augenblick des Suchens lacht sie und sagt: „Hier steht es
doch. Steinmann. Das bin ich. Ich heiße nur anders. Meine
Freundin hat nur nicht gewusst, wie ich heiße.“
Sie dreht sich um, lässt mich ohne Erklärung einfach stehen.
Achselzuckend gehe ich weiter meiner Arbeit nach. Es
bleibt aber Tatsache, dass eine „Person“ sich bei der Bu-
chung einen Namen ausdachte. Solange die Fahrt ohne
Probleme verläuft… Aber es gibt ja Gründe, weshalb jeder
Reisende Daten hinterlassen muss.

Die Fahrt von Dresden nach FRAUENSTEIN wird sehr gern gebucht.

Unsere Reise heute findet anlässlich des Internationalen Frauentages statt. Den Damen (und ein Herr) bedeutet der Frauentag traditionsgemäß viel.

In der neuen Zeit, nach der Wende, gibt es ihn zwar noch auf dem Kalender. Von den staatlichen Stellen und im Fernsehen findet er jedoch weniger Beachtung als beispielsweise der Valentinstag oder Halloween.

Das finden vor allem die älteren Frauen bedauerlich. Das ist u.a. der Grund, eine „Frauentag Fahrt" zu buchen, man erinnert sich an gemeinsam Erlebtes. Dazu kommt, dass die meisten Frauen alleinstehend, also verwitwet oder geschieden sind.

Zunächst fahren wir nach Dippoldiswalde und dann entlang der Weißeritz.

Zuhause war frühlingshaftes Wetter, für die Jahreszeit also angenehme Temperaturen, Sonne und erstes Grün. Nach dem Verlassen der Bundesstraße und der Weiterfahrt ins Gebirge tauchten erste Schneeflocken auf und weiter Richtung Erzgebirgskamm gab es noch immer eine geschlossene Schneedecke. Skifahren wäre immer noch möglich.

Im Tagesprogramm war nach dem Mittagessen ein kleiner Orientierungsgang durch den Ort vorgesehen.

Frauenstein liegt idyllisch auf einer Bergkuppe. Schloss und Burg laden förmlich ein, den kleinen Berg zur Burg hinauf zu steigen, den Gebäudekomplex zu umrunden. Leider war es an diesem Tag nicht möglich, weil Schneewasser und Eiskrusten beim Laufen hinderten.

© 2021 Anita Lehmann

Zurück im Gasthof, nach dem Kaffeetrinken, spielten für zwei Reisegruppen, die in verschiedenen Räumen saßen, zwei „Kapellen" zum Tanz. Die Männer, alle im höheren Lebensalter, trafen den Geschmack der Frauen. Es wurde getanzt, geschunkelt, Polonaisen arrangiert, der Reiseleiter nicht verschont. Es herrschte allgemein eine gute Stimmung.

Zur Erinnerung an den Internationalen Frauentag erhielt jede der Frauen ein kleines Sträußchen. Die Reisebegleiterin nicht. Die Frauen bemerkten es und teilten die Blumen mit mir. Diese Geste hat mich berührt.

Vor dem Nachhauseweg bin ich jedoch noch einmal der „Kümmerer".

Bei den meisten Reisen fahren auch Gäste mit, die eine Gehhilfe benötigen. Kein Problem. Das einzige Ehepaar meiner Reisegruppe vermisste den Stock des Mannes. Wir begannen zu suchen. Sitzplatz im Restaurant - nichts. Toilette - nichts. Bus - nichts. Alle Ecken im Vorhaus des Restaurants - auch nichts. Folglich glaubten wir, dass der Gast die Gehhilfe am Morgen irgendwo hatte stehen lassen.

Während wir bereits am Bus standen, um nach Hause zu fahren, kam uns ein einzelner Herr mit einem Stock entgegen.
Sein Anblick veranlasste mich zu der Bemerkung:
„Wenn ich doch wüsste, wie der Stock aussieht…"
Die Zeit verging. Noch einmal suchten wir, bezogen auch das Personal mit ein. Nichts!
Als letzte kam das Ehepaar zum Bus, diesmal mit dem Stock. Sie hatten die Gehhilfe des Mannes bei dem von mir betrachteten „Wanderer" erkannt und ihn angesprochen.
Seine Antwort lautete etwa folgendermaßen: Der Stock habe so rumgestanden, da habe er ihn genommen und ausprobiert.
Ich weiß nicht, ob er diesen freiwillig wieder abgestellt hätte, wenn die Gäste ihr Eigentum nicht erkannt hätten. Und wäre er später zurückgekommen, dann wären wir möglicherweise schon abgefahren.
Als ich beim nächsten Ausflug an Frauenstein vorbei fuhr, erinnerte ich mich an diese Episode und erzählte sie den Gästen.

In der Vorweihnachtszeit ist SEIFFEN unser Ziel.
Geografisch findet man den kleinen Ort zwischen Olbernhau und Neuhausen, in einem Länderzipfel, der wie ein Dreieck anmutet, bei welchem zwei Seiten ans Tschechische grenzen. Die umliegenden Berge und der Ort selbst erstrecken sich auf einer Höhe zwischen 600-800 m Höhe, d.h. wenn man im Ort bummeln gehen möchte, dann führt der Weg unumgänglich bergauf und bergab.

Seiffen ist Kurort.

Viel bekannter ist Seiffen jedoch mit dem Zusatz „Spielzeugdorf".

Seit über 200 Jahren werden im Ort Holzgegenstände gefertigt, hauptsächlich Holzfiguren und Spielzeug.

Das bekannteste Gebäude ist die Erzgebirgskirche.

Unsere Gäste steigen im Zentrum aus, und je nach Kondition laufen sie als erstes zur Bergkirche oder besuchen nur das Spielzeugmuseum. Zwei Stunden Aufenthalt sollten genügen, um alle Wünsche zu erfüllen.

Ich gehe mit den Gästen hinauf zur barocken Bergkirche.

Das Original wurde 1779 geweiht.

Die Kirche ist, so glaube ich, nicht nur das Wahrzeichen des Ortes, sondern ist zur Weihnachtszeit als „Miniatur" in fast allen geschmückten Wohnzimmern des Erzgebirges zu finden.

Das Original wurde 1779 geweiht.

Kein Haus wurde so oft nachgebaut: achteckige Form, Schindeldach und Kuppel, heller Außenanstrich, von innen beleuchtet.

© 2021 Anita Lehmann

Ich weiß, wovon ich rede, ich komme aus einer erzgebirgischen Familie mit Holzschnitzern.

Nicht nur Kunsthandwerker, auch Hobbybastler beschäftigen sich mit der „Weihnachtskirche".

Ein Dichter der Region, Wolfram Böhme, schreibt:
„Wer kennt die Seiffener Kirche nicht, gedrechselt und be-

malt, wie sie als Achteck, klar und schlicht, im Weihnachtszimmer strahlt? Bekannter als der Kölner Dom ist dieser kleine Bau, und selbst Sankt Peter, dort in Rom, kennt keiner so genau."

Bei meinem Besuch im Herbst 2020 sind wir fast die einzigen Gäste. An manchen Adventstagen ohne Corona sollen es 60 000 Besucher sein.

Es gibt fast kein Haus im Ort, in dem sich keine Werkstatt oder ein Verkauf befindet. Hier wird jeder Besucher fündig.

Ich bin besonders am Reifendrehen interessiert, weil das mein Großvater auch beherrschte. Dafür werden gerade gewachsene Fichtenstämme verwendet, und aus Teilen von ihnen werden Profile herausgedreht. Für uns Zuschauer sehen sie aus wie Reifen oder Ringe.

© 2021 Anita Lehmann

Die Kunst des Reifendrehers besteht darin, diesen Reifen die Konturen von Tieren, Häusern, Bäumen... zu geben. Wenn man die Reifen in gleichbreite Stücke zerteilt, dann hat man die fertige Figur.
Sie erhält nur noch die Farbe.

Ich besaß als Kind Tiere, die in einer ovalen Spanschachtel aufbewahrt wurden.
Hier erfahre ich, dass es ganze Familien gab, die diese ganz spezielle Schachtelherstellung betrieben.

Ich habe kein Kaufinteresse, aber ich sehe bei all den Arbeitsgängen gern zu.
Ob es nun die Lichterengel, Bergleute, Räuchermänner, Weihnachtsleuchter, die Weihnachtskrippen, Pyramiden oder Schwibbögen sind, in allen Produkten steckt das Geschick und die Liebe der erzgebirgischen Hersteller.

Die Zeit vergeht schnell. Wenn wir bei Adventsfahrten zur Weiterfahrt in den Bus einsteigen, ist erst „Halbzeit".

Unser nächstes Ziel ist der Weihnachtsmarkt in FREIBERG.

Über Großhartmannsdorf und Brand-Erbisdorf fahren wir ein Stück der „Silberstraße", die von Meißen quer durch Sachsen bis nach Zwickau führt.

Der Freiberger Christmarkt soll einer der schönsten in den mittelgroßen Städten Deutschlands sein.
Als Reiseleiterin weiß ich, dass viele Weihnachtsmärkte so beworben werden. Aber der Freiberger ist wirklich besonders, er ist ein erzgebirgischer Markt, mit all den Dingen, die wir am Morgen in Seiffen betrachtet haben.

Das Konzept des Marktes beruht auf den bergmännischen Traditionen. Er findet auf dem Obermarkt um den Otto-Brunnen statt. Die aufgestellten Hütten tragen alle Namen, die sich auf den Bergmann, seine Arbeits- und Lebenswelt in früherer Zeit beziehen.

Leider haben wir Pech, denn es beginnt zu regnen, und aus dem geruhsamen Bummel mit Weihnachtsfeeling wird nichts.

Nach kurzem Rundgang, mehr als Orientierung, finde ich noch einen einzelnen Platz im bekanntesten Café, direkt am Markt.

Markgraf Otto von Meißen gilt als Begründer der Stadt. Während seiner Herrschaft wurde im 12.Jahrhundert mit dem Silberabbau begonnen.

Das bronzene Denkmal mitten auf dem Obermarkt, das ihn darstellt, wurde erst am Ende des 19.Jahrhunderts erbaut.

Die Häuser am Marktplatz sind alle festlich beleuchtet: Lichterketten, Kerzen, Bergmänner und Weihnachtsengel, Pyramiden, vor allem aber die Schwibbögen, die nirgendwo im Erzgebirge fehlen dürfen.

Das aus dem 15.Jahrhundert stammende Rathaus übertrumpft die anderen Bürgerhäuser.

Und ich habe Glück, genau in dem Augenblick am Rathaus zu stehen, als das Glockenspiel vom Turm erklingt. Das „Steigerlied" erklingt: „Glück auf, Glück auf…"

Die Glocken aus Meißner Porzellan spielen das wichtigste Lied jeden Erzgebirglers.

Es ist 16.30 Uhr.

Der Christmarktbesuch könnte für mich nicht gefühlvoller enden.

Deshalb laufe ich langsam zum Parkplatz.
An der alten Stadtmauer gibt es seit 2015 eine Neuerung.
Nicht mehr das halb zerfallene Kornhaus, das Teil der mittelalterlichen Verteidigungsanlage war, ist hier zu besichtigen, sondern ein sanierter Speicherbau mit völlig neuer Aufgabe. Die Stadtbibliothek ist hier eingezogen.

© 2021 Anita Lehmann

Ich nutze die Möglichkeit, mir das Innere anzusehen. Keiner hält mich auf, überall darf ich hineinschauen und fotografieren.
Die Verbindung des alten Baus mit neuen Elementen im Inneren ist faszinierend: alte, noch brauchbare Balken, verbunden mit Glas. Fünf Jahre Restaurierung haben sich gelohnt!

Pünktlich, viele vorzeitig, weil es immer noch regnete, waren alle Gäste am Bus.

© 2021 Anita Lehmann

Ein Paar kannte ich schon länger. Ausdrücklich habe ich mir von ihnen die Erlaubnis geben lassen, die folgende Episode zu erzählen:

Die Frau hatte ich während einer Tagesfahrt in die neue Seenlandschaft um Leipzig kennengelernt und war mit ihr ins Gespräch gekommen. Sie erzählte mir, dass sie über achtzig sei, geschieden und von den Männern sehr enttäuscht.

Ich saß neben ihr am Kaffeetisch und hörte mir ihre Sorgen an.

Ihr erster Mann sei ein „Trinker" gewesen, deshalb würde sie jetzt das Leben allein genießen und ganz, ganz viel verreisen, eben Tagesfahrten.

Wochen später saß sie in der ersten Reihe, eine einzelne Rose lag auf ihrem Schoß. Ich wollte ihr zum vermeintlichen Geburtstag gratulieren. „Nein", meinte sie, wies auf den Mann neben sich, „das Reiseunternehmen macht es möglich."

Sie hatte durch Zufall, durch das Einbuchen des Reiseveranstalters, einen neuen Partner kennengelernt.

Man sah es den beiden Gästen an, dass sie glücklich waren. Und heute reisten sie mit uns ins Erzgebirge. Längst waren sie ein Paar, das zusammen wohnte, er war zu ihr gezogen, mit dem Reisen hatten sie auch ein gemeinsames Hobby.

Das Gehörte ist doch eine schöne Weihnachtsgeschichte. Oder?

9. DAHLENER HEIDE

Kürzlich fuhren wir in die DAHLENER-HEIDE. Etwa die Hälfte meiner Gäste kannte diesen Landstrich zwischen Torgau-Oschatz-Dahlen nicht.

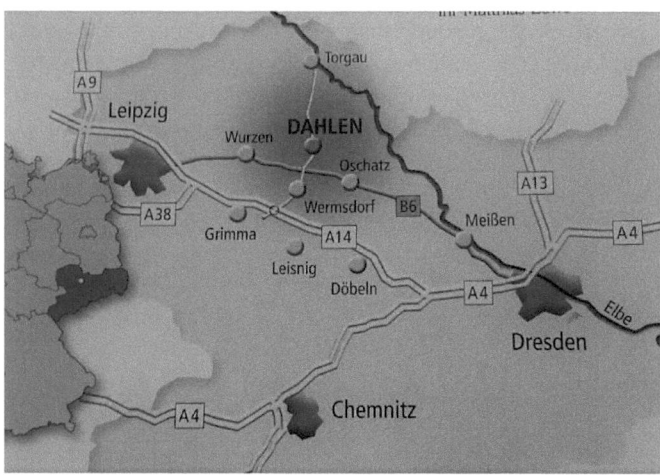

Wir fanden eine friedliche und ruhige Endmoränenlandschaft vor. Von der Straße aus sehen wir hauptsächlich Mischwald und Kiefernwälder. Ich war entsetzt darüber, dass viele Bäume abgebrochen waren, aber nicht, wie ich es aus meiner Kindheit kannte, aus dem Wald entsorgt wurden. Man sagte uns, hier entstehe eine Art „Urwald". Ein naturbelassenes Gebiet.

Eine Vielzahl von gekennzeichneten Wander-, Reit- und Radwegen lassen Ortsunkundige ihr Ziel erreichen. Dennoch ist es hier recht einsam, die kleinen Orte sind weit voneinander entfernt.

Ein Reisender bemängelte vehement, dass er keine Heide-flächen und kein Heidekraut zu sehen bekam. Er habe einen Ausflug in ein Heidegebiet gebucht.

Ich musste ihn darauf aufmerksam machen, dass die Heidebüsche am Straßenrand erst Mitte bis Ende August blühen, dass aber die anderen Merkmale der Heidelandschaft durchaus zutrafen: Sand, kleine Rest-Seen, Findlinge in allen Größen und der Kiefernwald. Murrend gab er klein bei.

In den gepflegten Heideorten blühten die Rosen, Hortensien und der Sommerflieder. Glyzinien rankten hauptsächlich über den Eingangstüren.

Die Fahrzeit sollte nur 90 Minuten dauern. Die Gäste richteten sich dementsprechend ein. Es waren diesmal viele kleinere Personengruppen, die bereits gemeinsam gebucht hatten. Man hatte sich also viel zu erzählen.

Fahrer und Reisebegleiter staunten, dass auf einer so kurzen Strecke nacheinander vier Umleitungen ausgeschildert waren. Auf einmal waren da nur noch Nebenstraßen, keine Chance für unseren Bus.

Wir fragten Bauarbeiter, Einwohner der kleinen Dörfer und riefen letztendlich den Gasthof an, unser Ziel.

Die Gäste waren sonntäglich gestimmt, ihnen hatte das Kreuz und Quer der Fahrt die Stimmung nicht verdorben. Ihren Kommentaren entnahm ich, dass die „Verlängerung" der Fahrt sogar gefallen hatte.

Das schmackhafte Essen in Reudnitz und die sich anschließende Fahrt mit einem kleinen Touristenzug über

Waldwege und durch Heidedörfer, kommentiert vom Fahrer der kleinen Bahn, waren unterhaltend.

Das „Bäuerliche Museum" in Schmannewitz erfreute alle, anschaulich wurde gezeigt, wie die Bewohner der Heide vor über 100 Jahren hier lebten.
Viele Kindheitserinnerungen wurden von den Gästen ausgetauscht. Und ich stellte fest, dass es im Gebrauch der Alltagsdinge keinen Unterschied zu uns Erzgebirglern gibt. Eine Tenne, ein Asch, eine Kiepe, eine Holzklammer, Litzen am Küchenschrank... Die Arbeits- und Lebensbedingungen waren ähnlich, hier wie dort.

Während wir mit dem kleinen Erlebniszug unterwegs waren, hatten die Gastgeber schon für das Kaffeetrinken eingedeckt.

Währenddessen gab es die Möglichkeit, Produkte vom letzten Schlachtfest käuflich zu erwerben. Die Schlange der Gäste war lang.
Aber da ahnte ich noch nicht, was später passierte.

Auf der Fahrt zurück zur Autobahn nahmen wir einen anderen Weg. Leider dunkelte es schon, als wie durch WERMSDORF fuhren, vorbei am Schloss Hubertusburg. Mein Entschluss stand fest. Sobald ich privat wieder in der Nähe war, wollte ich unbedingt einen Abstecher zu einem der größten und berühmtesten Jagdschlösser Europas machen.

Ich wusste, dass das Schloss Hubertusburg historisch im Besitz der Wettiner gewesen war und König Albert im 18. Jahrhundert das Renaissanceschloss auf dem Grund eines alten Rittergutes bauen ließ.

© 2021 Anita Lehmann

Und ich wusste, dass hier der sogenannte „Hubertusburger Frieden" geschlossen wurde, der Frieden, der den Siebenjährigen Krieg zwischen Preußen, Österreich und Sachsen 1763 beendete.

Und dann wusste ich noch, dass der siegreiche Preußenkönig Friedrich II. das Schloss plünderte. Es gibt keine originale Ausstattung des Schlosses.

Inzwischen erfolgte der Kurzbesuch.

Von der Größe der Anlage und von den alten knorrigen Bäumen im Park, den wir queren mussten, war ich beeindruckt.

Weil es schon später Nachmittag war, hatten wir es wie immer eilig. Ich fragte einen jungen Mann nach dem kürzesten Weg zum Eingang.

Er schaute uns neugierig an und fragte zurück: „Sind Sie auch hier Patient?"

Jetzt staunten wir. Und er erklärte uns, dass das Schloss gegenwärtig als Fachkrankenhaus für Neurologie genutzt wird.

Im Innenhof konnte ich das Ausmaß der Schlossanlage erst richtig erkennen, bisher hatte ich es nur von vorn betrachtet und beurteilt. Die gesamte Anlage war 1999 renoviert worden und strahlte nunmehr beeindruckend hell. In einem der Seitenflügel ist das Sächsische Staatsarchiv untergebracht.

Beim nächsten Besuch ist es an der Zeit, das Innere, die Ausstellungen, zu besuchen.

Ich komme noch einmal auf unsere Tagesfahrt mit den Gästen zurück.
Kurz vor der Ankunft im Heimatort machen Fahrer und Reiseleiter die Gäste erneut darauf aufmerksam, nichts im Bus liegen zu lassen.

Die Gäste steigen aus, der Fahrer kontrolliert noch einmal...

Und da hing er, der schwarze pralle Einkaufsbeutel. Ich rannte über den Busparkplatz und schrie, so laut ich konnte, immer wieder: „Ein Beutel mit Einkäufen wurde vergessen."
Es meldete sich niemand. Beide wollten wir den Einkaufsbeutel nicht mit nach Hause nehmen.
Da Lebensmittel in der Tasche waren, konnten wir ihn nicht im Fundbüro abgeben.
Fahrer, Reiseleiter und Bus kamen jeweils aus einer anderen Stadt. Der Bus war sogar angemietet. Also musste ich den Einkauf mit nach Hause nehmen. Mit Straßenbahn

und Bus war ich weit nach Ende der Öffnungszeit des Büros zu Hause, natürlich mit dem liegen gebliebenen Lebensmittelbeutel.

Am anderen Morgen, genau 9.00 Uhr, als das Büro gerade öffnete, erhielt ich von dort einen Anruf. Eine Dame habe sich darüber beschwert, dass ihre Einkäufe noch nicht abgegeben worden seien, sie habe sie schließlich bezahlt.

Natürlich fuhr ich sofort mit der Straßenbahn zum Büro, falls die Frau warten würde.

Ein Dankeschön dafür, dass ich ihr die Tasche nachtrug, erhielt ich nie.

10. PANORAMA MUSEUM FRANKENHAUSEN UND KYFFHÄUSER-DENKMAL

Ein Sommertag, morgens 6.00 Uhr.

Mit der Liste der Reisewilligen zur Tagesfahrt stehe ich vor dem Bus. Es wird heute ein langer Reisetag, 13 Stunden sind insgesamt kalkuliert.

Erstaunt bin ich immer wieder darüber, wie zeitig die Gäste vor der eigentlichen Stellzeit des Busses trotz der frühen Abfahrtszeit da sind.

Pünktlich, aber als letzter Gast, kommt ein Herr, den ich noch nicht persönlich kenne. Aber dennoch weiß ich sofort, wer es sein könnte. Seine Tochter, die öfter mit diesem Reiseveranstalter fährt, hat mir von ihm erzählt. Ihr Vater ist ein reiselustiger, fast 100jähriger, der noch vor wenigen Wochen mit dem Bus zum Nordkap gefahren war. Nur er konnte das sein, ein alter Herr mit Sommerhut, Spazierstock und in kurzen Hosen.

Als ich ihn mit seinem Namen ansprach, war er nicht einmal erstaunt.

„Ach, meine Tochter hat schon von mir erzählt!", war alles. Ich hatte Bedenken, wenn ich an die körperlichen Anstrengungen dieses Tages dachte.

Die zu fahrende Strecke bietet uns Reiseleitern viele Möglichkeiten, von Städten und Ereignissen in unserer Region zu erzählen:

Während der längeren Anfahrt versuchte ich, die Gäste sowohl fachlich als auch humorvoll zu unterhalten. Dabei helfen mir meine privaten „Kennenlern-Besuche" während der Vorbereitung der Tagesfahrten sehr.

-Vor nicht allzu langer Zeit besuchte ich das ehemalige Kloster Altenzella in der Nähe von Nossen. Ich erzählte beispielsweise von dem alten Park und wie man das Kloster erreichen kann.

-In Grimma sind die Hochwasser-Schutzanlagen zwischen der neuen Pöppelmann-Brücke und dem Schloss geschlossen, und der Weg zwischen Fluss und restaurierter Stadtmauer bietet dem Besucher neue Sichten auf die Stadt.

-Die Leipziger Seenlandschaft erreichen wir nach der Abfahrt Parthenaue. Die Tagesfahrten des Reiseveranstalters haben einen oder mehrere Seen zum Ziel, die aus ehemaligen Tagebauen entstanden oder noch geflutet werden.

-Letztlich besuchten viele unserer Gäste den Rosengarten von Sangerhausen…

Ich könnte weitere Fakten aufzählen.

Pünktlich erreichen wir den Busparkplatz, der zum PANORAMA auf dem Schlachtberg gehört.

Von hier hatten wir etwa eine Viertelstunde aufwärts zu laufen.

Immer wieder ruhte mein Blick auf dem ältesten Gast, aber der lief mitten in der Gruppe und zeigte keinerlei Schwäche.

Im Katalog war zu lesen: „Zuerst besuchen Sie das berühmte Panoramagemälde von Professor Werner Tübke in Frankenhausen, ein beeindruckendes Kunstwerk, das zu den größten und figurenreichsten Gemälden der Kunstgeschichte zählt."

In Bad Frankenhausen, auf dem Hausberg, war ein neues Museum gebaut worden.

Äußerlich sieht die Rotunde aus wie ein übergroßer, runder Wasserspeicher, und im Inneren birgt der Rundbau eines der größten Ölgemälde der Welt.

Am 15.5.1525 fand hier auf dem Berg eine blutige Schlacht zwischen den aufständischen Bauern, geführt von Thomas Münzer, und Söldnern des Reiches statt, in der mehr als 6 000 Aufständische getötet wurden.
Es war die letzte große Schlacht des Bauernkrieges.

Die Museumshalle ist hell, wir laufen über Treppen hinauf in einen großen Saal, in dem sich das 123 Meter im Kreis verlaufende Gemälde befindet. Die Leinwand ist 14 Meter hoch; es sind folglich 1 722 Quadratmeter bemalter Fläche.

Überraschend stehe ich nach dem Passieren der letzten Stufe mittendrin im Rund. Auf Hockern durften wir Platz nehmen, der Rundblick war gewahrt.
Ich bin geblendet von der Vielfalt der Personen und Farben auf der Leinwand.
Der Maler, Prof. Tübke, hat das Entstehen des Kunstwerkes geleitet (1976-1987). Man sagt, dass er etwa zwei Drittel selbst ausgeführt habe.
Als wir nach der Erklärung des Bildes, das korrekt „Frühbürgerliche Revolution in Deutschland" heißt, die Halle verließen, schwirrte sicherlich nicht nur mir der Kopf von der Größe der Aufgabe, der sich Tübke stellte, der Vielzahl der historischen Fakten und Personen, der Grausamkeit der Auseinandersetzungen und der Bedeutung von Symbolen und Farben.
Alles hier war groß!

Zum Mittagessen fahren wir ins Tal nach
BAD FRANKENHAUSEN am Südhang des Kyffhäuser Gebirges. Im zeitlich engen Tagesplan verbleiben etwa 45 Minuten, um nach dem Essen wenigstens über den Marktplatz des 1 000 Einwohner Städtchens zu laufen.

Für mich reichte diese Zeit, um mich für die geleisteten Sanierungsarbeiten zu begeistern. Die alten Fachwerkhäuser glänzen, zumindest äußerlich, zur Straßenseite.
Der Turm der Oberkirche aus dem 14.Jahrhundert ist schon seit Jahrhunderten außer Lot. Der Kirchenbau selbst ist nur noch eine Ruine.
Hier lässt sich für kurze Zeit mit großem Vergnügen bummeln.

Wir werden auf dem KYFFHÄUSER erwartet.
Das Kyffhäuser-Gebirge ist eines der kleinsten Mittelgebirge.

© 2021 Anita Lehmann

Nicht der Höhenunterschied von ca. 400 Metern beeindruckt, sondern die vielen Kurven und Kehren. Ich wollte sie während der Abfahrt zählen, wurde aber durch die an uns vorbei rasenden Motorradfahrer abgelenkt. Es müssten so um die 30 gewesen sein; für die Motorradfahrer scheint es eine besonders beliebte Strecke sein.

Nach Verlassen des Busses waren etwa 15 Minuten bergauf zu laufen. Es gäbe die Möglichkeit, ein Denkmal-Shuttle zu nutzen. Einige Gäste fuhren hinauf, nicht aber „mein Opa". Ich bangte um sein Durchhaltevermögen, lief deshalb an seiner Seite und staunte, dass er nicht zurück blieb.

Dann endlich standen wir vor dem Eingang zur ehemaligen Reichsburg Kyffhausen, die teilweise durch das Kyffhäuser-Denkmal überbaut worden war.

Die größte deutsche Burg des Mittelalters bestand in der Vergangenheit aus Ober-, Mittel- und Unterburg und erstreckt sich etwa 600 Meter entlang des Berggrates nach unten.

Der gesamte Bau war von einer Ringmauer umgeben. An einem Teil der Mauer waren wir aufwärts gelaufen.

Ich empfand es als aufmerksame Geste, dass wir auf bereit gestellten Bänken Platz nehmen durften: verschnaufen und der Burgführung zuhören. Nicht zu vergessen, wir saßen innerhalb der Ringmauer und „Auge in Auge" mit Kaiser Barbarossa.

Wir erfuhren, dass nach einer ersten frühen Burganlage, während der Regierungszeit von Friedrich I. Barbarossa (1152-1190) die Burg wieder aufgebaut wurde.

Im Verlaufe der Jahrhunderte wechselten die Besitzer, allmählich zerfiel die Burg.

Auf dem Gelände der Oberburg steht ein monumentales Denkmal, das Kaiser-Wilhelm-Denkmal. Nach dem Tod des deutschen Kaisers 1888 entstanden viele Gedenkbauten, um die Gründung des deutschen Kaiserreiches von 1871 zu ehren.

Der Bau entsprach der Initiative und der Finanzierung aller deutschen Kriegervereinigungen. Architekt wurde nach einer Ausschreibung Professor Schmitz(1890-1890).

Der Denkmalsturm besteht aus drei Teilen.

Der untere Barbarossahof wird von der Figur Kaiser Rotbarts beherrscht.
Wir werden von der Burgführerin an die Sagen erinnert, die im Zusammenhang mit einer möglichen Wiederkehr Barbarossas entstanden.

Den mittleren Teil erreichen wir über eine steinerne Panoramatreppe.
Das Reiterstandbild Kaiser Wilhelm I. steht im Mittelpunkt des Baus. Seine Figur ist 1,20 Meter höher als die Kaiser Rotbarts und insgesamt 9,70 Meter groß vom Sockel, auf dem das Pferd steht, bis zur Spitze der Pickelhaube.

Den oberen Abschluss des Turms bildet die wuchtige, weithin sichtbare Kaiserkrone. Sie besteht aus demselben Material wie das gesamte Denkmal, aus Sandstein, der direkt am Kyffhäuser abgebaut wurde.

Jetzt trennen nur noch 247 Stufen den Besucher von der obersten Stelle des Turmes.

Abschluss unseres gemeinsamen Rundganges auf dem Kyffhäuser sollte der 176 Meter tiefe Brunnen in der Oberburg sein.

Bergbrunnen zu graben, war aufwändig und gefährlich zugleich.

Unsere Führerin nannte das Jahr, in welchem der Brunnen „getauft" wurde. Sofort verbesserte mein ältester Reisegast: „Es heißt geteuft!" Die Dame stutzte, hatte möglicherweise den Begriff „teufen" noch nicht gehört.

Aber meine Gäste kommen fast alle aus dem Gebirge und kennen ihn. Es war nicht das einzige Mal, dass er die Führerin „ergänzte". Trotz aller körperlicher Anstrengungen war er geistig hellwach. Ich war richtig stolz auf ihn.

Die Heimfahrt verlief problemlos.

Noch bevor wir die Autobahn erreichten, schliefen die meisten Gäste.

II.SIGTSEEING IN SCHLESIEN

1. BRESLAU (WROCLAW)- HAUPTSTADT NIEDER-SCHLESIENS

Von der Landesgrenze in Görlitz sind es mit dem Bus auf der Autobahn zirka 260 Kilometer bis nach BRESLAU. Der Besuch Breslaus ist folglich sowohl als Tagesreise als auch als Mehrtagesfahrt möglich.

Die Fahrt auf der Autobahn bis nach Görlitz vergeht schnell; ich kann viel Unterhaltsames über Orte unmittelbar in der Nähe der Autobahn erzählen, beispielsweise über den Soccer-Platz in Ottendorf-Okrilla, über die Hopfenfelder, die zum Kloster Panschwitz-Kuckau gehören, die „Alte Pfefferküchlerei" in Weißenberg oder den Saurierpark in Kleinwelka.
Oder, oder, oder…
Die Oberlausitz hat so viel zu bieten.

Nach der Hälfte der Strecke, kurz hinter Legnica, habe ich bei einer meiner Fahrten einen Ort entdeckt, der für die Bewohner Schlesiens im Zusammenhang mit einem historischen Wunder benannt wird. Das Geschehen dort wird als „Wunder von Wahlstatt" bezeichnet.

Schon von weitem sieht man zwei Türme, die zu einem Benediktinerkloster gehören.
Ich entschied, hier von der Autobahn abzufahren und eine Pause in unmittelbarer Nähe des Klosters zu machen.
Wir hatten Glück, die prächtige Barockkirche war geöffnet, sogar geschmückt, denn in wenigen Stunden sollte eine

Hochzeit stattfinden.

Der Ort Legnickie Pole (Wahlstatt) selbst ist im Vergleich zur Bedeutung dieser Kirche winzig klein.

1241 fiel das mongolische Heer in Schlesien ein. Ohne auf nennenswerten Widerstand zu treffen, waren die Mongolen ohne Aufenthalt westwärts marschiert. Hier, auf freiem Feld, stellte sich ihnen ein deutsch-polnisches Heer entgegen, Ordensritter und Edelleute.
Das gemeinsame Heer wurde vernichtend geschlagen, die Verluste außerordentlich hoch.
Heinrich II., der schlesische Fürst und Heerführer, fiel in diesem Kampf. Seine Mutter, die spätere Schutzpatronin Schlesiens, Hedwig, ließ später an der Stelle seines Todes ein Benediktinerkloster bauen, den Vorgänger dieser barocken Anlage.

Das „Wunder" besteht darin, dass die Mongolen am darauffolgenden Morgen das Schlachtfeld verlassen hatten und trotz siegreicher Schlacht umgekehrt waren.
Zurück blieb vor der kleinen Dorfkirche ein „Friedhof", ein paar Bretter mit wahrscheinlich mongolischen Zeichen.
Die Reisegruppe wird in den folgenden Tagen dem Namen „Hedwig" oft begegnen; die „Heilige Hedwig" ist die Schutzpatronin Schlesiens.
Ein zusätzlicher Halt vor dem Benediktinerkloster passt zeitlich gut ins Programm.

Bei einem Aufenthalt in Breslau wird ein allgemeiner Überblick, eine Rundfahrt, meist an den Anfang gestellt. Mit dem eigenen Bus geht das wunderbar. Einige der wichtigsten Gebäude können wir auf diese Weise sehen.

© 2021 Anita Lehmann

Mir bleibt besonders ein Kurzstopp im Osten der Stadt, vor der Jahrhunderthalle, mit der runden Kuppel aus Stahlbeton, in Erinnerung. Gebaut wurde sie ein Jahrhundert nach der Völkerschlacht gegen Napoleon. Oft wird sie mit dem Pantheon in Rom verglichen, weil die Kuppel frei über dem Rondell schwebt. Zum Zeitpunkt meines Besuchs wurde sie jedoch restauriert, dem Gebäude fehlte möglicherweise deshalb der Charme des Pantheons.

Breslau ist eine Studentenstadt.
Darauf verwies die Stadtführerin mehrfach. Die älteren Gebäude der Breslauer Universität sind Ausdruck der Zeit des 18.Jahrhunderts. Das Innere soll prachtvoll und wunderschön sein. Ich bedaure, dass ich noch nicht die Treppen, Säle und besonders die Aula Leopoldina sehen konnte.

In der Nähe der Sandinsel stiegen wir zu einem ersten Rundgang aus.
Unser Interesse wurde auf die unzähligen kleinen bunten

Schlösser gelenkt, die an der „Brücke der Verliebten" angeschlossen waren. Die Stadtführerin erzählte, dass das Geländer schon erneuert werden musste, weil es abzubrechen drohte. Die Breslauer und ihre Gäste sind zum Zeitpunkt unseres Besuches schon wieder dabei, das Brückengeländer zu füllen.

Wir querten die „Dom Insel", die schon fast 200 Jahre keine Insel im eigentlichen Sinn mehr ist.
Dabei entdecke ich hoch oben im Gemäuer der Kreuzkirche eine einzelne hochgewachsene Sonnenblume. Ich frage mich und die Gäste, ob diese Pflanze wirklich dort oben gewachsen sein könnte. Die Frage bleibt unbeantwortet.

Der Hauptweg endet direkt vor der Basilika.
Sie ist schon von weitem zu erkennen.

© 2021 Anita Lehmann

Die Bauarbeiten begannen in der Mitte des 13.Jahrhunderts und dauerten an bis ins 15.Jahrhundert.
Steht man direkt vor dem Dom, dann ist deutlich zu erkennen, dass die beiden Türme unterschiedlich sind.
70 Prozent des Gesamtgebäudes wurden 1945 zerstört, als Munition, die im Dom gelagert wurde, explodierte. Ein Foto von den Zerstörungen kann der Besucher am Eingang sehen. Unvorstellbar, dass aus diesen Trümmern der Dom wieder aufgebaut werden konnte.
1970 wurde damit begonnen.
Und wir stehen 2019 beeindruckt vor dem neuen alten Dom, bei dessen Innenausstattung andere Kirchen zu Hilfe kamen.

Schaut man auf die Stadtkarte, dann fällt auf, dass die Stadt inmitten blauer Adern angesiedelt wurde: der Oder und ihren Nebenflüssen. Eine Vielzahl von Brücken verbindet die Innenstadt mit den Stadtteilen außerhalb des Wassers. Deshalb bezeichnet man die Stadt auch als „Venedig Polens".

Jeder Spaziergang innerhalb der Stadt beginnt oder endet am Markt. Marktplatz und Rathaus gehören auch für mich zu den Hauptattraktionen der Stadt.

Nicht nur der Dom, sondern die gesamte Stadt war am Ende des Krieges etwa 70 Prozent zerstört.
Erst in den 90er Jahren wurden die Sanierungsarbeiten rund um den Markt vorgenommen, und zwar so, dass sie den historischen Gebäuden äußerlich entsprachen.
Wenn auch das historische Erscheinungsbild wieder hergestellt wurde, befinden sich hinter den Fassaden heutzutage moderne Wohnungen.

© 2021 Anita Lehmann

Mich begeistert die Fassadengestaltung der Häuserreihe: 15 Bürgerhäuser begrenzen den Markt auf der westlichen Seite. Verwendet wurden für den Anstrich verschiedene, aufeinander abgestimmte Farben; die Bürgerhäuser haben unterschiedliche Höhen und Breiten, eine abgestufte Gestaltung der Fenster und Dächer, eben unterschiedliche Fassaden.

Und gleich nebenan, auf dem kleineren „Salzplatz", der jetzt „Blumenplatz" heißen müsste, weil Tag und Nacht Blumen verkauft werden, entdecke ich die beeindruckende Fassade der Alten Börse und weitere restaurierte historische Gebäude.

In vielen Städten stehen die alten Rathäuser in einer Reihe mit prachtvollen Bürgerhäusern am Markt, wie wir es uns erst kürzlich in Cheb(Eger) ansehen konnten.
Hier in Wroclaw steht der Prunkbau seit dem 13.Jahrhun-

dert mitten auf einem quadratischen, fast vier Hektar großen Platz.

Markt und Rathaus selbst sind nicht nur in der Größe beeindruckend. Sie werden durch ihre Platzierung inmitten des Marktes hervorgehoben.

Die Bürgerhäuser rings um den Platz haben ihre schönsten Seite zum Rathaus ausgerichtet.

Das Rathaus erwiderte diese Referenz, indem es seit Beginn immer wieder Veränderungen des Baus an sich vornehmen ließ.

Neue Türme und Türmchen wurden angebaut und der gesamte Bau mit kostbaren Ornamenten geschmückt; alles im Stil der Gotik und der Renaissance.

Mit dem Pranger auf der Vorderseite des Rathauses und dem modernen Glasbrunnen auf der Rückseite kann ich nicht so viel anfangen, deshalb folge ich schnell der Fremdenführerin quer über den Marktplatz.

Sie führt uns in eine Straße hinter der Elisabethkirche, zu einem besonderen Denkmal.

Ich übersetze es mit „Denkmal der Schlachttiere".

An dieser Stelle befanden sich seit dem 12. Jahrhundert Schlachthäuser. Eine Ziege, ein Schaf, eine Gans, ein Schwein und sogar ein Häschen sind die bronzenen Hauptattraktionen für Besucher.

Es sind Kinder, die mit ihrer Begeisterung für die Tiere die entzückenden kleinen Lädchen vergessen lassen, in denen man Souvenirs aller Art kaufen kann.

Unser Stadtspaziergang endet meist auf dem Platz vor der Elisabethkirche.

Sie wurde im 14./15. Jahrhundert als größte evangelische Saalkirche im gotischen Stil aus Backstein erbaut.

Die Kirche verlor während eines Unwetters im 16. Jahrhundert ihren Turmhelm. Mir gefiel die Interpretation, dass nach diesem Unglück strenggläubige Katholiken verkündet hätten, dass das die Strafe für die protestantischen Sünder sei.

Der Kirchturm hat auch ohne Spitze für mich eine große Anziehungskraft, weil sich in 90 Meter Höhe eine Aussichtsplattform befindet.

Leider war es mir bisher verwehrt, den beschwerlichen Weg nach oben zu gehen. Mal hatten wir keine Zeit, dann wieder regnete es oder aber die ganze Kirche war geschlossen.

In der Vergangenheit war diese Kirche eine der wichtigsten evangelischen Gotteshäuser in Breslau. Nach dem 2.Weltkrieg wurde die Kirche katholische Garnisonkirche.

Diese Information hatte ich zwar vernommen, ihr aber keine rechte Bedeutung beigemessen.

Nach der Verabschiedung der Stadtführerin wollte ich mir die Kirche ganz allein von innen ansehen. Ich war nicht darauf gefasst, mit welchem historischen Fakt ich konfrontiert werden sollte.

Dem Haupteingang gegenüber entdeckte ich ein mehrfarbiges Fensterbild aus Glas. Die Sonne schien von außen und ließ die Farben leuchten.

Unter dem Bild stand nur ein Wort und eine Zahl: Katyn 1940.

© 2021 Anita Lehmann

Ich stand wie erstarrt und brauchte einige Zeit, bis ich mir die Zusammenhänge ins Gedächtnis rufen konnte:

Im Massaker von Katyn 1940 war hauptsächlich die gesamte Führung der polnischen Armee getötet worden, zwischen 3 500 und 4 000 Polen. Erst nach 1990 wurde

offiziell darüber gesprochen. Ich glaube, erst 2010 wurden die Fakten veröffentlicht. Und danach entstanden in Polen Denkmale der Erinnerung und Mahnung.
Ich jedenfalls sah dieses Bild erstmals; ich fand auch nirgendwo einen Namen des Künstlers oder ein Datum.
Die Auseinandersetzung mit diesem Abschnitt der Geschichte ist jedes Mal bedrückend für mich.

Deshalb ließ ich mich gern durch die kleinen

„Krasnale" (Zwerge) ablenken, die auch hier vor der ehrwürdigen Kirche ihren Platz gefunden hatten.

Bei einem Besuch am Jahresende 2019 wurde uns gesagt, dass etwa 800 Zwerge in der Stadt beheimatet sind.
Und, so wurde weiter informiert, es würden immer mehr.
Angefangen hat diese Tradition in den 80-er Jahren. Studenten der Künstlergruppe „Orange Alternative" haben, als Zwerge verkleidet, gegen den Staat opponiert. Sie wurden zum Symbol einer friedlichen Protestaktion.

Der erste Zwerg, „Papa Zwerg", wurde geschaffen, noch unschön und ohne den Charme der später Geborenen. Seinen Ehrenplatz hat er auf der Schweidnitzer Straße, wo die Studentenbewegung ihren Anfang nahm.

Alle Zwerge wurden aus Bronze gegossen, und mit Ausnahme des Ur-Vaters sind sie meist mit einer Tätigkeit, einem Beruf, in Zusammenhang zu bringen.
Ich sah zwei Feuerwehrleute im Einsatz, einen Zwerg mit Stadtwappen, einen Geigenspieler, einen Schuhmacher…
Überall stehen und hängen sie: hauptsächlich an den Türschwellen, am Eingang zu Läden, auf Bänken und auf dem Rand des gläsernen Brunnens am Rathaus, an Laternen,

eben überall.

Sogar vor dem Hotel „Papst Paul II." stand am Eingang, unübersehbar, ein kleiner Zwerg. Er schob einen Transportwagen für Koffer vor sich her.

Ich liebe sie, die kleinen Kerle, und am meisten gefallen mir die beiden Zwerge an der Ecke Markt/Schweidnitzer Straße, die sich mit einer Granitkugel abmühen. Der eine schiebt die Kugel von hinten vorwärts, der andere stemmt sich von vorn gegen den Lauf der Kugel. Sie streiten, so denke ich, um den richtigen Weg oder die Lösung eines Problems.

Stundenlang lief ich auf den Spuren der Zwerge durch die Stadt. Es war nicht schwer, die Kleinen zu finden, denn jeweils dort standen schon fotografierende Besucher.

Selbst wenn der mit dem Zug Reisende gerade in der Stadt angekommen ist, erwartet ihn schon ein „Reisezwerg". Er sitzt auf einem Koffer, für alle sichtbar, vor dem Bahnhof.

Ein Breslauer Zwerg für Dresden
Februar 2019

© 2021 Anita Lehmann

Die Zwerge sind zu einem neuen Symbol für die Stadt geworden.

Aber auch meine Stadt, Dresden, ist eine Stadt, in der Breslauer Zwerge anzutreffen sind.
2014 und 2019 ist jeweils ein Zwerg aus der Partnerstadt angereist. Beide haben einen Platz in unmittelbarer Nähe des Rathauses gefunden. Vor dem Dresdner Rathaus, an der Treppe zum Ratskeller, grüßt einer der beiden Reisezwerge mit Sonnenblume und Reisekoffer.

Während der Silvesterfahrt 2019, wir wohnten im Hotel

am Dominikanerplatz, war ich trotz Wind und Regen wieder unterwegs auf der Suche nach neuen Zwergen. Diesmal erfolglos.

Deshalb verließ ich den inneren Ring Richtung Oder. Es wurde ein langer Spaziergang, eigentlich ohne rechtes Ziel.

Einziger geplanter Stopp war die Markthalle.
Die „Hala Targowa"(Markthalle), die 1908 gebaut worden war, ist eine typische Verkaufshalle.
Der gepflasterte Weg führt direkt von der Straße hinein in die Halle, die im Inneren einem nach oben gekehrten Schiffsrumpf gleicht, einem Rumpf aus Stahlbeton.
Von beiden Giebelseiten und auch durch die seitlichen Fenster fällt Licht in das Gebäude. Während draußen rote Backsteine dem Bau Wärme geben, ist er im Inneren grau und fad, wirkte aber räumlich hoch und weit.
Der Besucher kann in das erste Stockwerk hinauf steigen.
Um die gesamte Halle verläuft eine Einkaufspassage, deren Verkaufsstände aneinander gereiht sind. Hier gibt es Vieles, was in einem Haushalt benötigt wird: beispielsweise einen Schlüsseldienst, alles für Kleintierhalter, Handarbeitsläden, eine Nähstube, Küchengeräte, Tapeten und Farben, Wachstuch, aber nicht vordergründig Mode.
Von der Empore aus habe ich einen sehr schönen Blick auf die gegenüberliegende Seite der Halle und vor allem einen phantastischen Überblick auf das Geschehen unter mir in der großen Halle.
Dicht umlagert sind im Eingangsbereich zwei Selbstbedienungsgaststätten, dann auf der rechten Seite, geschmackvoll arrangiert, Obst und Gemüse.
Als ich das erste Mal hier war, begeisterte mich das Angebot an verschiedensten Sorten frischer Pilze.
Auf der linken Seite wurde Zuckerzeug angeboten, auch

getrocknete Früchte, dahinter lockte das Angebot an Fleisch- und Wurstwaren.

Und dahinter, sozusagen am anderen Ende der Halle, überraschte mich das vielfältige Blumenangebot. Weil es mir noch nie in einer Markthalle aufgefallen war, blieb mein Blick besonders lange an den Grabsträußen und Kränzen hängen. Die Polen lieben scheinbar den Pomp und die auffälligen Farben der künstlichen Arrangements.

Unweit der Markthalle entdeckte ich etwas Neues, ein „Band historischer Ereignisse".

Wichtige Abschnitte der Stadtgeschichte waren auf der Universitätsstraße „nachzulesen":

Bronzeplatten in etwa der Größe eines Ziegelsteins waren in den Fußweg eingelassen, benennen die wichtigsten Ereignisse.

Wenige habe ich mir gemerkt, wie beispielsweise die Zahl „1913"- der Bau der Jahrhunderthalle, „1945"- Breslau wird zur Festung erklärt oder „1997"- die große Flut. Die historischen Fakten endeten mit dem Jahr 2016, als Breslau Europäische Kulturhauptstadt war. Aus diesem Anlass wurde auch das historische Band geschaffen.

Am folgenden Tag erfüllte ich mir einen schon lange gehegten Wunsch, den Besuch des Sky Towers, mit 212 Metern ist er augenblicklich das höchste Gebäude Polens.

Die Aussichtsplattform befindet sich in der 49.Etage: unter mir liegt die Stadt, von Straßen und Wasseradern durchzogen. Der Blick geht bis zum Zobten-Massiv, dem „Heiligen Berg" der Polen, und zum Eulengebirge.

© 2021 Anita Lehmann

Zum Abschluss meines Aufenthaltes besuche ich das sogenannte Jüdische Viertel; hier hatten vor dem Krieg
hauptsächlich Juden gelebt.
Gepflegte Häuser stehen eng aneinander, sie sind hauptsächlich im Jugendstil errichtet. In den Innenhöfen befinden sich mehrere gut besuchte Restaurants; Eingänge und
Durchgänge führen zu Bürgerhäusern.
Ich muss nach dem Eingang zur Synagoge fragen. Man
zeigte auf eine schwere, dunkle Tür. Niemand ging hinein,
niemand kam heraus, aber sie ließ sich öffnen.
Ich betrete ein bisschen zaghaft die Synagoge „Zum weißen Storch", die Breslauer Hauptsynagoge. Hinter der Tür
ist eine Art Rezeption, dort bringe ich mein Anliegen vor

und darf ohne Begleitperson in beide Galerien.

Seit ihrer Wiedereröffnung im Mai 2010 dient diese Synagoge gleichermaßen als Gebetshaus, Museum und kultureller Treffpunkt der Gemeinde.

Erstaunt bin ich über die aktuelle Zahl der Gemeindemitglieder. Nur 200 Juden?

Vor dem Krieg lebten viel mehr jüdische Einwohner in der Stadt (1939 waren es 23 000), denn Breslau war eines der Zentren jüdischen Lebens in Europa.

Ganz allein befinde ich mich ich in diesem Augenblick in der Synagoge.

Fasziniert betrachte ich eine mehrfarbige Glasrosette, die die gesamte Rückwand gegenüber dem Eingang bestimmt, groß und klare Farben.

Im darüber liegenden Stockwerk, dort, wo die Frauen dem Gottesdienst beiwohnen, hängt an zentraler Stelle ein Bild, eine Zeichnung, wahrscheinlich eine Männerfigur darstellend.

Der Künstler, Heinrich Tischler, wurde 1938 nach Buchenwald deportiert und verstarb dort im gleichen Jahr. Dargestellt wird ein Mensch in einem schlichten Kleid oder Kittel, kniend, den Körper flehend nach vorn gestreckt, Hände und Gesicht nach oben gewandt, den Mund zum Schrei geöffnet, die Fäuste geballt. Längere Zeit bleibe ich davor stehen.

Das Bild ist Teil einer Ausstellung über jüdisches Leben während des Holocaust.

Dankbar, dass ich mich in aller Ruhe hier umsehen durfte,

verlasse ich das Gebäude wieder durch die schwere Eichentür.

Ich habe meine freie Zeit genutzt und gehe zurück zum Treffpunkt.

Bei Mehrtagesfahrten verlässt der Bus meist gegen Mittag die Stadt in östlicher Richtung nach KRAKAU.

Obwohl es bis Krakau eine relativ kurze Strecke ist, kann es zu Ärgernissen kommen, wenn Reiseleiter und Fahrer nicht miteinander harmonieren.

So war es bei einer Fahrt mit einem mir bis dahin unbekannten Fahrer eines angemieteten Busses.

Wir, die Reiseleiter, übernehmen meist den Service im Bus, zum einen, weil der Gesetzgeber die Fahrer zu regelmäßigen Pausen verpflichtet und zum anderen, weil die Fahrer selbst eine Pause benötigen. Nicht dieser Fahrer!

Er wollte alles allein machen. Meine Hilfe lehnte er rundweg ab.

Ich glaube, mit Sicherheit zu wissen, dass der Fahrer mir misstraute, vielleicht nahm er an, dass ich in der kurzen Zeit die Küche schmutzig hinterlasse, kaputt mache oder nicht ehrlich bin.

Ich bemühte mich, Ruhe zu bewahren.

Die Gäste sahen mich während der Kaffeepause auf der Bank vor dem Bus sitzen, und ich glaubte, ihnen die Gedanken vom Gesicht ablesen zu können. In etwa so: Die könnte auch helfen. Der arme Fahrer hat nicht einmal eine Pause.

Zwei Stunden später, zur Mittagspause, gab es dasselbe Szenario. Der Fahrer gab die Würstchen aus; wollte jemand der Gäste ein kaltes Getränk, dann lief er durch den Bus nach vorn, holte das Getränk aus dem vorderen Kühlschrank und fuhr fort, die Würstchen auszugeben.

Keiner der Gäste sagte etwas, aber ich wurde das Gefühl

nicht los, dass die Reisenden verwundert schauten.
Am Ende der Pause sprach ich allein mit dem Fahrer.
Das war am ersten Reisetag .

Während der Weiterfahrt nach Krakau änderte sich nichts. Eigentlich war es für Außenstehende noch kurioser. Der Fahrer verteilte den Kaffee und bot dazu Kuchen an. Für jedes Kuchenstück stieg er nunmehr aus, um es dem Gast persönlich zu reichen, denn der geschnittene Kuchen lag, außerhalb des Busses, auf dem Kuchenbrett auf einer der Kofferklappen. Das war dann der Augenblick, wo ich „explodierte". Natürlich muss ich akzeptieren, dass alle Waren vom Fahrer vorfinanziert werden. Aber ich erklärte den Gästen klipp und klar, dass ich meinerseits gern helfen würde, dass es aber von diesem Fahrer nicht erwünscht sei.

Danach, während der folgenden Reisetage, durfte ich den vorderen Kühlschrank bedienen, d.h. den Gästen kalte Getränke bringen.

Aber Freunde wurden wir nicht mehr, dieser Fahrer und ich, nicht einmal „nette Kollegen".

Etwa zwei Wochen später erlebte ich, wie derselbe Busfahrer einen älteren Reiseleiter am Ende der Reise vor den aussteigenden Gästen „zur Schnecke" machte.
Da war ich ja noch einmal gut weggekommen.

2. SCHLOSS FÜRSTENSTEIN (ZAMEK KSIAZ)

Mitunter sind die Mehrtagesfahrten auch so geplant, dass unsere Reisegäste weitere Orte in der Region kennenlernen.

Am beeindruckendsten war für mich in diesem Zusammenhang der Besuch des größten schlesischen Schlosses, Schloss Fürstenstein.

Eigentümer dieses Schlosses war bis zum Ende des zweiten Weltkrieges die preußische Fürstenfamilie Hochburg-Pless. Sie waren nicht nur Besitzer dieses bedeutenden und großen Schlosses, sondern auch führend in der schlesischen Industrie und nannten Kohlegruben und Kokereien ihr eigen.

Fertiggestellt wurde der erste Bau auf dem Felsen 1292. Burg und Schloss wurden im Laufe der Jahrhunderte mehrfach umgebaut, immer mit dem Ziel, es noch prächtiger zu gestalten.

Als wir durch das Torgebäude in den Schlosshof traten, waren wir von der Größe des eigentlichen Baus auf einem Felssporn überrascht. So groß, so hoch, so vielfältig, so prächtig hatten wir uns die Bauten nicht vorgestellt.
Die Anlage zwischen dem Vorbau und dem Hauptgebäude schien das Schloss erst richtig in Szene zu setzen. Nach allen Seiten hatte man von diesem gartenartig gestalteten Vorplatz den Blick auf die Terrassen-Gärten am Fels unter uns. Das Schloss ist immer der Mittelpunkt.
Der Reichtum der Fürstenfamilie ist nicht zu übersehen, obwohl das Schloss heutzutage nicht mehr im Original steht.

Vom Schlosshof aus blickten wir auf den Maximilian-Saal, der über zwei Stockwerke reicht und uns schon von außen beeindruckt.

In das Schloss geht es nicht etwa durch eine „normale Tür", sondern durch eine besonders schwere Tür, dann Treppen hinauf zum eigentlichen Eingang und nochmals durch eine Tür.

Auf den langen Korridoren sind meine Gäste so leise, als erwarteten sie jeden Augenblick, vom Schlossbesitzer persönlich empfangen zu werden.

Wir wussten, dass hier, im Fels unter dem Schloss, während des 2.Weltkrieges ein weiteres Hauptquartier Hitlers gebaut wurde, das wiederum durch eine Vielzahl von Tunneln mit dem Eulengebirge verbunden werden sollte.

Die paramilitärische Organisation Todt konnte den Bau nicht beenden.

Der genaue Zweck und die Ausmaße wurden der Allgemeinheit noch nicht zugänglich gemacht.

Die Zeitungen schreiben mindestens seit 2016 von einem mit Gold beladenen Zug, gepanzert und 150 Meter lang, der kurz vor Ende des Krieges von Waldenburg (WAL-BRZYCH) aus ins Eulengebirge eingefahren sein soll.
Geraubtes Kulturgut, möglicherweise sogar das Bernsteinzimmer, könnte die Waggons füllen.
Der Suchtrupp habe schon den Abschnitt der Schienen gefunden, wo es tagtäglich möglich sein könnte, auf den Zug zu stoßen…
Dann, nach etwa einem Monat, kamen keine neuen Informationen mehr. Die „Goldsucher", so schreibt man, seien immer noch überzeugt, das Geheimnis lüften zu können.

Wir waren alle neugierig, was wir nun selbst vor Ort erfahren würden.
Die Inneneinrichtung der 400 Zimmer des Schlosses ist nicht original, aber die Aufteilung der Räume, die Stuckelemente und Tapeten lassen nichts von einer regen Bautätigkeit vor mehr als einem halben Jahrhundert erkennen.
Und die Dame von der Schlossführung hat mit keinem Wort von diesen Ereignissen gesprochen; sie erklärte uns den Zweck der einzelnen Räumlichkeiten, erzählte von der Familiengeschichte der Hochbergs…, aber nichts von den Verstrickungen dieses Schlosses und möglicherweise seiner Besitzer in die Geschichte des Krieges.

Aber auch ohne die erwünschten Informationen zur jüngeren Geschichte ist der Besuch des Schlosses ein kulturelles Erlebnis.

Wie so häufig, sollte es nach unserer Rückkehr auf dem Parkplatz Würstchen geben.
Der Fahrer selbst kümmerte sich darum, weil ich mit den

Gästen unterwegs war.

21 Bockwürste waren gewünscht worden, zwei zusätzliche kamen in den Würstchensieder.

Es reichte immer noch nicht für alle Gäste. Erneut erwärmten wir schnellstens drei Paar Wiener, unsere kleinste Größe innerhalb der Bevorratung mit Dosenwurst. Während der Heimfahrt wollte ich sie servieren.

Und nun folgte die Überraschung: „Keiner" hatte sie bestellt. Mehrmals ging ich durch den Bus und bot die nun heißen Würstchen an.

Wirklich niemand?

Niemand!

An den folgenden Tagen witzelten die Gäste über das Phänomen, dass irgendwer nicht mehr wusste, dass er bestellt hatte.

Gewöhnlich wissen die Gäste nur nicht, ob sie Bockwurst oder Wiener bestellt haben, aber sie wissen, ob sie etwas zu essen haben möchten oder nicht.

3. KRAKAU UND AUSFLUG NACH WIELICZKA

Der Ausflug nach Wieliczka (Groß Salze) ist fakultativ, die Gäste können vor Ort entscheiden, ob sie teilnehmen möchten.
WIELICZKA ist eine Kleinstadt und befindet sich etwa zehn Kilometer südöstlich von Krakau entfernt. Bekannt wurde Wieliczka durch das Salzbergwerk und das Museum, das zum UNESCO-Weltkulturerbe gehört.

Vor längerer Zeit war ich schon einmal dort, und ich kann mich auch an einen Film erinnern, in welchem das Bergwerk einer der Handlungsorte war. Außerdem komme ich aus einer Region des Steinkohlebergbaus, möglicherweise gibt es Vergleichbares.
Das sind mehrere Gründe, weshalb ich mich auf diesen Ausflug freute.

Aber: 35 Gäste gehörten zu meiner Gruppe. Und nur 35 Gäste werden von einem Gästeführer betreut. Die örtlichen Führer nahmen ihre Verantwortung sehr ernst, wir erhielten also nur 35 Eintrittskarten. Mit anderen Worten gesagt, der begleitende Reiseleiter musste draußen warten, denn er war der 36.Besucher.

Kurzzeitig hatte ich Hoffnung, doch noch mit ins Besucherbergwerk einfahren zu dürfen, als zwei Gäste zu Beginn der Führung einfach nicht zu finden waren. Ich suchte überall und zählte auch immer wieder. Als wir schon im Vorraum des Schachtes auf die Einfahrt warteten, kamen sie doch noch. Sie hatten nur „versteckt" auf einer Bank gesessen.
Ich war froh und enttäuscht zugleich.

Nun vollzählig, tauchten meine Gäste ab in die Unterwelt des Salzbergwerkes, quetschten sich in enge Fahrstühle, um 64 Meter tief auf die erste Besucher Ebene zu fahren.

Und was tue ich in der Zwischenzeit?
Angelockt von Musik lief ich hinter die Gebäude. Auf einer großen Wiese sah ich Paare in Volkstrachten unterschiedlicher Regionen. Sie formierten sich zur Polonaise, sichtlich übten sie.
Es war ein kleines Fest für die Augen: Rot-weiß gestreifte Hosen, Pelzmützen, knappe Mieder, geblümte Röcke mit Trachtenschürzen, Stiefel und Stiefelchen…
Immer neue Gruppen kamen hinzu. Leider konnte ich nicht bis zum Ende bleiben.
In diesem Augenblick wusste ich noch nicht, dass ich den jungen Leuten noch einmal begegnen würde.

Am folgenden Tag war ich mit meinen Gästen zur Stadtführung in KRAKAU.
Der Bus bringt uns vom Hotel zum Fuß des Schlossberges, und wir müssen nunmehr vom Ufer der Weichsel hinauf zum Burghof laufen. Auf dieser Erhebung, dem Wawel, haben die Piasten, die polnischen Herrscher, erste Bauten errichten lassen, und hier wurde auch der erste polnische König 1320 gekrönt.
Im Laufe der Jahrhunderte wurden verschiedene Baustile verwendet, neben romanischen und gotischen Bauten entstanden auch Prunkbauten im Renaissancestil.
Die Besichtigung erfolgte nur von außen.

Für mich hielt sich die Begeisterung in Grenzen, nur der arkadenbestückte Innenhof bildete eine Ausnahme. Die Gäste haben nach der Stadtbesichtigung die Möglichkeit, zum Wawel zurückzukehren und die Kathedrale oder die prunkvollen Gemächer des Schlosses zu besuchen.

Vom Wawel laufen wir nordwärts ins Innere der mittelalterlichen Innenstadt.

Es sind sehr, sehr viele Menschen unterwegs, hauptsächlich Touristen, die in Gruppen hinter einem Stadtführer herlaufen.

Gut sind die Touristen dran, die über ein Headset die Kommentare hören können. Wir müssen immer erst warten, bis alle Gäste aufgeschlossen haben. Und das dauert. Es ist u.a. meine Aufgabe, die Reisenden zusammenzuhalten.

Endlich sind wir am Markt.-Freizeit!

© 2021 Anita Lehmann

Der beeindruckend große Marktplatz wird von der Sonne angestrahlt und aufgeheizt.

Ich will sofort auf den Rathausturm. Er ist, wie viele Türme, ein bisschen schief, aber noch auffallender ist, dass er ohne das eigentliche Haus ist. Dieser Teil des Rathauses, das aus dem 13.Jahrhundert stammt, wurde im 19. Jahrhundert wegen Baufälligkeit abgetragen. Aus abwechselnd dunkelroten Backsteinen und hellen Steinblöcken gebaut, ist sein Aussehen ansprechend; dazu trägt auch die barocke Turmhaube bei. Von seiner oberen Plattform (70 m) wollte ich auf die Stadt sehen. Aber es wurde nichts daraus.

Genau 12.00 Uhr, nach Abschluss unseres gemeinsamen Rundganges, begann auf dem Markt ein besonderes Schauspiel.

Zur Musik des polnischen Komponisten Oginski startete der „Versuch", mit einer Polonaise ins „Guinness Buch" zu kommen.

Der weltweit zahlenmäßig größte Tanz begann. Zunächst liefen die Paare auf, die ich schon am Vortag beobachtet hatte.

Dann formierten sie sich in 4er, dann in 8er Reihen. Nach und nach reihten sich die Zuschauer ein.

Auch ich!

Alte Leute, gebeugt, mit Stock. Junge Menschen, Studenten, Kinder. Menschen unterschiedlicher Herkunft.

Es war beeindruckend und festlich zugleich, als sich all die Menschen zum Kreis formierten, mit tanzenden Schritten zur Mitte gingen und dann wieder nach außen.

Die Polonaise endete mit dem Beifall aller Beteiligten.

Ich war von dem gerade Erlebten sehr beeindruckt.

Ungefähr einen Monat später weilte ich in den Masuren.

Ein unterhaltsamer Abend mit Kutschfahrt und Tanzdarbietungen war im Reisekatalog angekündigt.

Als auch hier die Musik des Komponisten Oginski erklang und die Tänzer ihre Version der Polonaise darboten, erinnerte ich mich. Ich erzählte den Gästen von meinem Polonaise-Krakau-Erlebnis.

Damals war mir aufgefallen, wie die Polen auf diese ganz bestimmte Musik reagierten.

Stolz schritten sie, man könnte sagen „erhobenen Hauptes".

Das war der Grund, weshalb ich nach Abschluss der Fahrt über den Komponisten mehr wissen wollte. Das Internet verriet mir, dass er politisch sehr engagiert war, dass er gemeinsam mit dem Nationalhelden Kosciuszko während des polnischen Aufstandes 1794 gegen die erneute Teilung Polens kämpfte.

Die Polonaise „Abschied vom Vaterland", die auf dem Krakauer Marktplatz zelebriert worden war, entstand nach der Niederschlagung des Aufstandes, als der Komponist Polen verlassen musste. Es ist eines der Musikstücke, die mich am meisten bewegen.

Der Vollständigkeit halber muss ich erzählen, dass ich Monate später die touristische Strecke im Salzbergwerk Wieliczka mit der Gruppe zurücklegen konnte.

700 Jahre wurde in der Mine Salz gefördert, bis 1996.

Im Durchschnitt besuchen jetzt eine Million Besucher jährlich das Bergwerk.

Wir sehen bei unserem Besuch dunkelgraues Steinsalz, aber auch weiße und beigefarbene Salzstöcke, Hallendome, Salzseen, aus Salz gehauene Figuren, die aufgrund des Materials jährlich ein wenig schrumpfen, also nicht für die Ewigkeit geschaffen wurden.

Auch historische Figuren können wir betrachten, wie beispielsweise das Denkmal des polnischen Königs im 14.Jh., Kazimierz Wielkiego.

Unterhaltsam ist die kleine Salzkapelle „Schneewittchen und die sieben Zwerge", die kurzzeitig beleuchtet wird.

Und schmunzelnd stehe ich vor einer Figur aus Salz, die unseren Nationaldichter J.W. von Goethe darstellt. Daneben, etwa einen Meter entfernt, wurde ein Schild mit der Aufschrift „WC" angebracht.

Sollte wirklich noch keiner diese „witzige Kombination" entdeckt haben?

Weiter führte der Weg unter Tage.

So lange wie möglich hielt ich mich in der wahrscheinlich größten unterirdischen Kirche der Welt auf. Aller Schmuck war aus Salz! Ich ging mehrfach um die fünf Kronleuchter aus durchsichtigen Eiskristallen herum und betrachtete sie von allen Seiten.

Aus dem Salz war sogar ein fantastischer Boden gearbeitet. Ein Teppich aus Vierecken und Achtecken, wunderbar miteinander verbunden, glänzte wie frisch poliert.

Ebenso beeindruckt war ich kurz vor dem Ende der Führung von einem Salzsee. Die von der Bergwerksführerin angekündigte Überraschung war gelungen: Im Wasser des Sees spiegeln sich die Salzfelsen und durch geschickte Beleuchtung auch eine Figur, die die Führerin „Schatzmeister" nannte.

Wir Touristen standen im Halbdunkel, schauten über und in den See und lauschten leiser Musik von Chopin.

Dort hätte ich gern länger verweilt

Ein Jahr später stand ich erneut auf dem Marktplatz.

© 2021 Anita Lehmann

Wieder herrschte ein bewegtes Treiben:
Weiße Kutschen, die von Pferden gezogen wurden, die besonders aufwendig mit glänzendem Metall, Bommeln und Püscheln geschmückt worden waren, leise surrende Elektroautos und Segways bestimmten das Straßenbild.
Dazwischen bewegten sich Touristengruppen und schlenderten Einheimische, die einfach nur den Sommersonntag genießen.

Die Menge drängt sich durch die Tuchhallen, steht vor der Marienkirche, probiert die Köstlichkeiten auf dem kleinen Marktplatz hinter der Kirche, die anlässlich des Pelmeni

Festes gereicht werden oder bestaunt die Freude der Kinder beim Seifenblasen und beim Basteln der Luftballonfiguren.

Die Turmbesteigung konnte wieder nicht stattfinden, denn auf dem Marktplatz wurde ein traditionelles Folklorefest gefeiert. Jung und Alt vereinten sich vor und auf der extra aufgebauten Bühne. Volkstänze und traditionelle Lieder erfreuten die Zuschauer.
Weshalb kann das in meiner Heimat so nicht erlebt werden? Schlager ja, aber traditionelle Tänze, mit großem Selbstbewusstsein vorgetragen, das hat in dieser Größenordnung Seltenheitswert.

Es gibt aber für mich dennoch eine Möglichkeit, auf den Markt hinab zu schauen.
Noch viel auffallender als der Rathausturm sind die Tuchhallen neben dem Turm. Sozusagen im ersten Stock befindet sich eine Terrasse mit einem Café. Als einzelner Besucher findet man immer einen Platz, und mit einem Besuch habe ich mich jedes Mal belohnt.

Die Tuchhallen sind das älteste Einkaufszentrum Krakaus. Als sich im 13. Jahrhundert Krakau zu einer Stadt entwickelte, wurden sie inmitten des Platzes im Renaissancestil gebaut.
Aus der Sonne kommend, erscheint mir das Innere der Halle dunkel. Ich lief durch ein beeindruckendes Eingangsportal und weiter durch eine „Hauptstraße", wo sich auf beiden Seiten kleine Souvenirläden befinden. Ich betrachte die Vielfalt der Angebote: Kerzen aus Bienenwachs, kleinteilige Lederwaren, Hüte und Tücher, Matrjoschkas, Modeschmuck und Schmuckkästchen, aus Holz geschnitzt, Ansichtskarten und Bücher, Gemälde…Eine wirklich

große Vielfalt.
Alles Mögliche war zu finden, nur keine Tuche.
Viele Menschen laufen entlang der Hallen-Magistrale, aber, soweit ich es beurteilen kann, wird mehr geschaut als gekauft.

Jetzt gönne ich mir oben im Café das geplante Eis und beobachte das Markttreiben.
Direkt unter mir befindet sich der Blumenmarkt und gegenüber, auf der anderen Marktseite, die gotische Marienkirche aus dem 14.Jahrhundert mit zwei Türmen: unterschiedlich hoch und unterschiedlich in der Bauweise.
Diese Türme sind höher als der Rathausturm.
Es soll schon immer einen Turmwächter da oben geben.
Ich höre sein „Hejnat" von meinem Terrassenplatz.
Stündlich erfolgt das Trompetensolo nach allen vier Himmelsrichtungen.
Sowohl über die Erbauer der Kirchentürme als auch über das Musikstück des Turmbläsers wurden uns interessante Geschichtchen erzählt, die mit Machtansprüchen und Aufopferung zu tun haben.

Ein einziges Mal habe ich mich in die Schlange der Besucher eigereiht, hauptsächlich um den berühmten Altar zu sehen, dessen Künstler im 15.Jahrhundert von Nürnberg nach Krakau geholt wurde, Veit Stoß.
Zur gleichen Zeit fand jedoch in der Kirche ein Gottesdienst statt. Ich fand es unhöflich, ich wollte nicht stören, deshalb verließ ich die Kirche ziemlich schnell.

Heute wird das Pelmenifest gefeiert.
Den Brauch dieses Festes kenne ich nicht, aber gegessen habe ich sie, die gefüllten Teigtaschen, die ihren Ursprung in Russland haben.

Auf dem Platz hinter der Marienkirche gibt es viele Stände, an denen jeweils andere Sorten dieses köstlichen Gerichts angeboten wurden. Vor jedem der Stände standen Einwohner und Besucher in langer Reihe. „Meine" Teigtaschen waren jeweils mit Quark, Sauerkraut und Fisch gefüllt.

Nach der „Energiepause" verlasse ich den Marktplatz in nördlicher Richtung. Schon von weitem sehe ich ein altes Tor, Teil einer Befestigungsmauer. Das Florianstor ist das letzte noch erhaltene Tor der mittelalterlichen Befestigungsmauer aus dem 14.Jahrhundert.

Eine Bilderausstellung oder besser, eine Galerie, ist an der Mauer entstanden. Ich gehe an der „Bildermauer" auf und ab und werde dabei von den Künstlern bzw. Verkäufern beobachtet, weil ich mich nicht entscheiden kann.

Hinter dem Florianstor herrscht ein buntes Treiben. Ziemlich lange verweilte ich bei einem kreisrunden, aus Backstein gebauten Verteidigungswerk. Heute war es geöffnet, über eine Zugbrücke lief ich ins Innere, angelockt vom Leben im 15.Jahrhundert. Bärtige „Ritter" zeigen Schaukämpfe.

Barbakan ist der Name des drei Meter dicken Mauerrings mit 130 Schießscharten. 130!

Durch die aufgesetzten Türme und den gotischen Turmeingang wirkt die Festung nicht plump, sondern aufgelockert.

Von dieser imponierenden Verteidigungsanlage kann ich nach beiden Seiten im Planty Park bummeln.

Er entstand anstelle der mittelalterlichen Festungsmauern und zieht sich östlich und westlich um die gesamte Altstadt bis zum Wawel im Süden. Der grüne Gürtel hat eine Länge von vier Kilometern.

Ich entschließe mich, den östlichen Teil des Parkes zu durchlaufen, weil ich noch zur Schiffsanlegestelle an der Weichsel wollte.

Dort traf ich wieder mit meinen Gästen zusammen. Wir haben es getan!

Mit einem Raddampfer fahre ich erstmals mit Gästen auf der Weichsel, vorbei am Wawel, stadtauswärts.

Wir hätten es noch mehr genossen, wenn nicht der Himmel gerade in dieser Stunde seine Schleusen geöffnet hätte.

Trotzdem war es ein besonderes Erlebnis, wie alle Schifffahrten.

Am darauf folgenden Tag war vom Veranstalter ein Besuch im historischen, jüdischen Stadtviertel Kazimierz geplant.

Diese Teil von Krakau war all den Gästen bekannt, die den Film von Steven Spielberg „Schindlers Liste" gesehen hatten. Teile dieses Films wurden in Kazimierz gedreht. Die besondere Atmosphäre der Straßen und Plätze kann ich nicht beschreiben, nur fühlen. Ich laufe auf demselben Pflaster wie die jüdische Bevölkerung seit ihrer Ansiedlung. Bis 1800 war die Stadt eigenständig und ummauert.

Ich fotografiere am Hauptplatz einen übergroßen jüdischen Leuchter vor einem Haus und besuche zwei der sieben noch vorhandenen Synagogen, die kleine Remuth-Synagoge und die Alte Synagoge aus dem 15./16. Jahrhundert, die sowohl aktives Gotteshaus als auch Museum ist.

Es wurde sogar erlaubt, im Inneren zu fotografieren.

Und ich war auf dem Remuth-Friedhof, dessen eine Mauer aus zerstörten jüdischen Gräbern aus der Zeit des zweiten Weltkrieges errichtet wurde.

Ein Mittagessen in einem der vielen jüdischen Restaurants schließt unseren Besuch ab.

Mit Interesse las ich, dass ab 1854 neben den mittelalterlichen Mauern eine zweite ringförmige Verteidigungsanlage während der Herrschaft der Österreicher gebaut wurde. Damals verlief die Grenze zu Russland nicht einmal zehn Kilometer ostwärts. Davon hat noch kein Touristenführer erzählt.

Für Freizeitaktivitäten gibt es also neue Ziele für mich und vor allem für MEINE GÄSTE.

Im Handel bisher erhältlich:

- Auf den Strassen nach Süden
  Ein anderes Reisetagebuch Teil1
  BoD-Nr.: 1398236
  ISBN: 9783732290505
  E-Book ISBN: 9783749400867

- In skandinavischen Betten
  Ein anderes Reisetagebuch Teil2
  BoD-Nr.: 1312724
  ISBN: 9783746079387
  E-Book ISBN: 9783746054490

IN

SKANDINAVISCHEN

BETTEN

EIN ANDERES REISETAGEBUCH
TEIL 2

Anita Lehmann

- Sirtaki tanzt man nicht allein
  Ein anderes Reisetagebuch Teil3
  BoD-Nr.: 1366113
  ISBN: 9783748184324
  E-Book ISBN: 9783748155133

SIRTAKI

TANZT MAN NICHT ALLEIN

**EIN ANDERES REISETAGEBUCH
TEIL 3**

Anita Lehmann

- Späte Liebe
  Ein anderes Reisetagebuch Teil4
  BoD-Nr.:1432278
  ISBN: 9783750410282
  E-Book ISBN: 9783750483682

SPÄTE LIEBE

EIN ANDERES REISETAGEBUCH
TEIL 4

Anita Lehmann

- Glückliche Tage am Meer
  Ein anderes Reisetagebuch Teil5
  BoD-Nr.:1485595
  ISBN: 9783751902564
  E-Book ISBN: 9783751974547

In Vorbereitung:

- Ein anderes Reisetagebuch Teil 7
  Arbeitstitel unbestimmt wegen Corona, aber
  Buch 7 wird es geben „Quer durch Europa".

Babette

postfaktisch

AF194128

Über *Babette postfaktisch* schrieb Amthor von Donnersklöppel:

„Das ist das beste Buch, was je geschrieben wurde. Alle Bücher, die Sie bisher gelesen haben, sind einfach nur Müll. Glauben Sie mir! Es ist wahr!"

Tobias Schlosser, Jahrgang 1985, hat ohne zu wissen, was ein Trochäus ist, versehentlich einen Doktortitel in englischer Literaturwissenschaft über kanadische Geistergeschichten erworben. Er liebt es seine Ruhe zu haben. Da er aber auch essen möchte und weder Sugar Daddy noch Mommy in Sicht sind, arbeitet er derzeit als Lehrer und Buchhalter und hat sich als Barkeeper ausbilden lassen.

Tobias Schlosser

Babette

postfaktisch

Kurzgeschichten

Bibliografische Informationen der Deutschen Nationalbibliothek:

Die Deutsche Nationalbibliothek verzeichnet diese Publikation
in der deutschen Nationalbibliografie, detaillierte bibliografische
Daten sind im Internet über http://dnb.dnb.de abrufbar

© 2020 Tobias Schlosser
Herstellung und Verlag:
BoD – Books on Demand, Noderstedt

Lektorat: Irina Sehling
Titelbild und Umschlaggestaltung: Steven Rattey

ISBN: 978-3-7526-2599-8

für Alecia,

Vivienne

und Steven

Gedicht anstelle eines Vorwortes

Meine Leser*innen sind sexy,
Egal, wie viel sie wiegen und wie alt sie sind.
Meine Leser*innen haben einen guten
    Musikgeschmack.
Sie können tanzen.
Und vor allem tanzen sie sexy.
Meine Leser*innen hängen nur mit coolen Leuten ab.
You know,
mit den extra coolen und extra sexy Menschen des
    Planeten.
Nur die extra coolen und extra sexy Menschen des
    Planeten
verstehen mein Buch.

Die wichtigste Eigenschaft aber,
die meine Leser*innen haben,
ist,
dass sie trinken können.
Das schätze ich besonders an ihnen neben ihrer
    allgemeinen Sexyness,
denn:

Je mehr Sie trinken, desto lustiger wird mein Buch.

Logbucheintrag 1: Kinderfernsehen

Gemeinsam mit ihrem elfjährigen Enkel Nik starrt Babette auf den Bildschirm. Die *Sendung mit der Maus* läuft und langsam, aber sicher wird sie wütend. Es ist Sonntagvormittag und das Kinderfernsehen sollte für beide eigentlich ein vergnüglicher Zeitvertreib sein, bis der schonend gegarte Bio-Hammel-Sonntagsbraten von Maude, Babettes Schwiegertochter, aufgetischt würde. Doch die vermeintliche Ablenkung ruft bei Babette gewaltige Bauchschmerzen hervor, so dass sie gar nicht weiß, ob sie nachher überhaupt noch etwas essen kann. Eigentlich hatte sie immer gedacht, Kinderfernsehen solle den Kindern Unterhaltung und Wissen gleichermaßen vermitteln. Dem scheint jedoch nicht so.

Babette holt tief Luft. Ihr Ärger findet keine Worte.

Am liebsten würde sie jetzt nach draußen rauchen gehen, doch Maude, die grausamste aller Schwiegertöchter, hat es ihr verboten. In ihrem reformpädagogischen Hippie-Wahn wagte es Maude doch tatsächlich, Babette dahingehend zu informieren, dass Kinder am Vorbild lernen und dass Nik bitte keine kettenrauchende Großmutter als Vorbild haben solle.

„Mein liebes Distelkind", versuchte Babette ihrer Schwiegertochter die Wahrheit begreiflich zu machen, „du weißt schon, dass Kinder ihren eigenen Kopf haben und ohnehin nicht auf die Älteren hören? Wenn du sichergehen willst, dass Nik nicht mit Rauchen an-

fängt, rauche gefälligst selbst! Das Letzte, was Kinder tun würden, ist das, was ihre Eltern machen!"

Doch Maude ließ sich in ihrer Dickköpfigkeit nicht von Babettes stichhaltigen Argumenten überzeugen, obwohl sie als studierte Philosophin und Anthropologin eigentlich hätte Einsicht zeigen müssen. So kam es, dass Babette, wissend, dass sie ein Engel des Friedens ist, schweigt und sich an Maudes Regeln hält, die sich diese lediglich ausgedacht hat, um ihre Schwiegermutter zu schikanieren. Bloß gut, dass Maude Babette nur das Rauchen und nicht auch noch ihre Gedanken verbieten kann. Denn so langsam platzt Babette der Kragen. Zu allem Überfluss wird sie gerade genötigt, Augenzeugin zu werden, wie ihr lieber Enkel aufs Schlimmste verkaspert wird.

Die *Sendung mit der Maus* erzählt das Märchen von der Recycling-Industrie. Nik scheint fasziniert, wie aus altem Papiermüll neues Papier gewonnen wird.

„Früher gab es keine Mülltrennung", sagt Babette zu ihrem Enkel, „da wurde einfach alles so weggeworfen, wie es einem aus den Pfoten fiel."

„Echt jetzt?", fragt Nik.

„Echt jetzt!", sagt Babette in spöttischem Unterton. Sie will Nik ihr Missfallen darüber spüren lassen, dass er es nicht einmal schafft, einen vernünftigen Satz zu bilden.

Babette fühlt sich wie betäubt. Bei ihrem Sohn Walter damals hatte sie noch alles selbst in der Hand. Ihm konnte sie einfach verbieten, realitätsfremde Sen-

dungen wie *Als die Tiere den Wald verließen* zu schauen, die den Kindern Mitleid mit Ungeziefer vermitteln. Walter konnte sie so noch vor den schlimmsten Gerüchten bewahren. Doch bei Niks Erziehung läuft alles aus dem Ruder. Allerdings ist Babette auch eine Humanistin, wie sie im Buche steht. Daher beginnt sie sogleich mit der Aufklärung:

„Früher musste niemand Müll trennen und da ist auch nichts passiert, das kann ich dir sagen! Die tun heute alle so, als ob etwas furchtbar Schlimmes passieren würde, wenn wir den Müll nicht trennen. Ich habe aber schon alles Mögliche in meinen Papiermüll geschmissen: Kartoffelschalen, Kippenstummel, Batterien – und da ist nichts passiert. Selbst als ich Kater Willi da reingeschmissen habe, nachdem er gestorben war, hat niemand was gesagt."

„Du hast Kater Willi in den Papiermüll geschmissen?", fragt Nik seine Oma ungläubig.

„Ja, was hätte ich denn tun sollen? Ich hatte keine andere Wahl! Auf meinem Grundstück konnte ich Willi nicht vergraben. Es gibt da einfach zu viele Füchse und die buddeln den Kater wieder aus. Sieht nicht schön aus, Nik. Und der Tierarzt hätte über zwanzig Euro für die Entsorgung gewollt. Da habe ich mir gedacht: Babette, sei schlau wie der Fuchs und schmeiß den Kater ins Altpapier. Die Tonne wird gewogen, da bringt er dir wenigstens noch a bissl was an Geld, das einem die Stadt fürs Altpapier gibt. Ja, so macht die Oma das. Nik, horch einmal her! Du kannst

11

ruhig ein bisschen rebellisch sein, musst nicht immer das machen, was die anderen von dir wollen. Die, die sagen, dass wir den Müll trennen müssen, sind alles Distelkinder, die die Menschen beschäftigt halten wollen. Die wollen nur, dass wir rechtschaffenen Bürger nicht nachdenken. Weißt du, Nik, es gibt viel, viel schlimmere Sachen, die uns wirklich alle umbringen. Was glaubst du, was diese Menschen alles tun, Nik? Die sprühen von ihren Flugzeugen Gift auf uns, verseuchen unser Wasser mit Chlor und vergraben radioaktives Material bei Straßenbauarbeiten, damit wir alle allmählich vergiftet werden."

„Aber warum machen die das?", fragt Nik, zunehmend aufgewühlt.

„Na ja", antwortet Babette, „es gibt einfach zu viele Menschen, und sie werden immer älter, da müssen halt ein paar weg. Deshalb vergiften die uns alle. Gelingen tut's denen bisher noch nicht. Deswegen werden die immer mehr Gift auf uns regnen lassen, damit wir alle schneller verrecken. Bums. Aus. Ende. Aber mir soll es egal sein, wenn wir alle draufgehen. Ich habe mein Leben gelebt und dann werde ich vom Himmel auf euch herabschauen und euch auslachen, weil ihr alle so heillos bescheuert seid."

In diesem Augenblick kommt Maude mit dem schonend gegarten Bio-Hammel-Sonntagsbraten ins Wohnzimmer und scheint alles andere als erfreut. Nach einem Moment des Schweigens, in dem niemand

so recht weiß, wer nun was zu sagen hat, äußert Maude klar und deutlich:

„... und ich höre mich noch mit Engelszungen mit dir reden! Vor genau sieben Jahren! Da hast du das erste Mal mit Nik *Der Maulwurf und seine Freunde* gesehen und gesagt, dass diese Zeichentrickserie verboten gehört, da sie Schädlinge bewirbt, die du am liebsten alle in einem Eimer ertränken würdest. Und ich habe dir gesagt, dass in der Sendung neben einem Maulwurf und einer Maus auch ein Igel mit dabei ist. Ein Igel, Babette, ein Igel! Und da meintest du nur: ‚Na, der kann auch mit weg!‘ Erinnerst du dich? Damals habe ich dir gesagt, dass es bei jedem kassenärztlich zugelassenen Psychotherapeuten fünf verschissene probatorische Sitzungen gibt. Fünf! Und die können einfach so kostenfrei genutzt werden. Warum um alles in der Welt hast du das Angebot damals nicht genutzt? Da wäre Nik heute einiges erspart geblieben!“

Stille.

Plötzlich schreit Babette: „Dein Hackfleischbraten stinkt nach Katzenpisse!“

Sie starrt Maude bezwingend an, dann steht sie auf und deckt den Tisch.

Logbucheintrag 2: Intrige

Babette schaut auf ihren SUV, den sie in der Einfahrt vor ihrer Garage geparkt hat, und wird unfassbar wütend. Gestern Abend ist sie spät heimgekommen und zu faul gewesen, ihr Auto in der Garage abzustellen. Außerdem klebten unzählige Blütenblätter der Magnolie, die in ihrer Einfahrt steht, an den Reifen des Geländewagens und sie wollte den Blütenmatsch nicht mit in die Garage schleppen. Doch jetzt sah Babette die Bescherung.

„Es ist wirklich eine hässliche Welt", sagt sie zu sich, „in der selbst Tauben einem nur zum Schur leben!"

Babette hat einmal gehört, dass Tauben die Ratten der Lüfte seien. Doch sie hat es schon immer besser gewusst: Tauben sind in Wahrheit die Mafia der Lüfte! An einem milden Sommerabend hat sie solch ein Federvieh mit einem Violinenkoffer im Schnabel durch die Dämmerung fliegen sehen, bereit, einen seiner diabolischen Aufträge auszuführen. Denn in dem Koffer war keine Pistole, nein, das hätte Babette als Waffenliebhaberin, die jeden verehrt, der sich zur Wehr zu setzen weiß, gut gefallen. Tauben haben eine viel schlimmere Waffe in ihren Geigenkoffern: Abführmittel.

Und so kam es, dass in der letzten Nacht die Drahtzieher-Taube zur Magnolie in Babettes Vorgarten geflogen war, wo bereits eine Heerschar vergnügter

Tauben auf den Ästen des Baumes auf den Stoff gewartet hatte. Dann pickten alle flugs die Pillen auf und schissen inbrünstig die Windschutzscheibe von Babettes SUV zu.

Fassungslos fragt sich Babette, wer der wahre Auftraggeber dieses perfiden Planes sei. Wer um alles in der Welt bezahlt Tauben, damit sie so etwas tun?

Babette vermutet, dass die Kohlmeisen-Lobby dahintersteckt. Die Kohlmeisen, so erfuhr sie neulich aus ihrer Tageszeitung, sind vom Aussterben bedroht. Eine tödliche Lungenkrankheit geht in der Kohlmeisen-Welt um, an der alle männlichen Kohlmeisen sterben. So hat sie es zumindest gelesen. Die Vogel-Influenza scheint ihren Ursprung in Griechenland zu haben. Von dort wurden nämlich Spinnen, die die Keime der Krankheit in sich tragen und die in Südfrüchten nisten, nach Mitteleuropa eingeschleppt, wo sie aufgrund des Klimawandels nunmehr überleben. Sie bieten sich als Opfer feil und werden von den Kohlmeisen fleißig aufgepickt. Das tun die Spinnen natürlich nur, um letzten Endes alle männlichen Kohlmeisen zu töten. Sicher sind die Spinnen Feministinnen, die in ihrem blinden Männerhass vor nichts Halt machen, schlussfolgert Babette folgerichtig. Fast schon christlich, dieser Opfergedanke.

Früher mochte Babette die lieben Kohlmeisen. Aber die Faktenlage spricht nicht zu deren Gunsten: Wer nicht robust genug ist, sich gegen invasive feministische Insekten aus Griechenland zur Wehr zu

setzen, verdient auch nichts Besseres, als zur Hölle zu fahren. Pech gehabt. Nun geht's der Meise halt richtig scheiße.

Plötzlich vernimmt Babette in ihrem Kopf die Stimme ihrer verhassten altklugen Schwiegertochter Maude, des Distelkindes: „Also, Spinnen sind eigentlich gar keine Insekten ...“

Diese Worte machen Babette nur noch wütender.

Aber zurück zu den Kohlmeisen: Sicherlich haben diese die Tauben beauftragt, Rache an Babette zu nehmen, da sie in der Presse ohne Zweifel Notiz davon genommen haben, dass die Geländewagenfahrer am Klimawandel schuld seien. Die Zeitungen sind ja voll von diesem Irrsinn! Spinnentiere sind demnach aufgrund des Klimawandels hier und infizieren die nicht wetterfesten Kohlmeisen-Männchen. Ergo: Die labilen und rachsüchtigen Kohlmeisen geben Babette die Schuld an ihrer Misere.

Babette schaut auf ihren SUV und überlegt, einen unterbezahlten Borasisi, der in der Nähe Spargel sticht, vom Feld zu holen. Der könnte den Wagen zu einem erschwinglichen Preis putzen. Schließlich ist das Elend in ihrem Vorgarten nicht auszuhalten.

Neben dem vollgeschissenen SUV ärgert sich Babette auch über die Mittäterin: die listige Magnolie. Als wären deren glitschige Blütenblätter nicht schlimm genug! Nach nur kurzer Blütezeit lässt die Magnolie alles fallen und sorgt dafür, dass es Babette regelmäßig die Beine wegzieht.

Zunächst erfreute der Baum Babette, denn die Magnolie steht stramm wie ein Soldat vor der Invasion eines Erdölstaates. Zudem sorgen die auch draußen auf den Gehweg herabgefallenen Blütenblätter dafür, dass die Hippies, die die Straße entlanggehen, hin und wieder ausrutschen. Doch schon seit längerem bekommt Babette es mit der Angst zu tun: Was ist, wenn diese Hippies sie verklagen? Was ist, wenn sich einer von dem Gesindel tagsüber das Genick bricht und Babette den Hippie nicht einfach abknallen kann, weil draußen noch Tageslicht ist? Die Hippies trinken heutzutage ja nicht nur nachts, sondern rennen auch am helllichten Tage strunzbesoffen durch die Kante.

Ja, die Magnolie, die hat so ihre Tücken, denkt Babette. Sie hätte bei guten, deutschen Bäumen bleiben sollen, einer Eiche oder Linde. Auf gar keinen Fall eine Birke. Das ist der russische Nationalbaum: schlaksig, kahl und hager. „Kein Wunder, dass die da so viele Balletttänzer haben", murmelt Babette in ihren Damenbart.

Auch ihren lieben Nachbarn Waldemar, treuer Freund der Neuesten Preußen und Gründer der hiesigen Ein-Mann-Bürgerwehr, sah Babette einmal auf den glitschigen Blättern ausrutschen. Waldemar erholte sich damals gerade von einer Hüft-OP und musste nach dem Sturz gleich wieder ins Krankenhaus. Auch das vergällte Babette allmählich die Freude an dem Baum. Zudem fungierte die Magnolie letzte Nacht als

Komplizin der Tauben-Mafia! Babette hätte nie gedacht, dass einmal ein Baum sie verraten würde.

Ob jung, ob alt, ob Hippie oder rechtschaffen, die heimtückische Magnolie ist wieder so ein ekelhafter Gleichmacher, denkt sie sich. Es fallen halt alle hin.

Babette holt die Kettensäge.

20

Logbucheintrag 3: Tugenden

Babette schaut auf die Quietscheentchen-Schwimm-flügel, die sie ihrem Enkel Nik anziehen wollte, und wird über alle Maßen wütend. Eigentlich hatte Babette heute vorgehabt, mit Nik plantschen zu gehen, doch ihre herzlose Schwiegertochter Maude hat ihr einen gründlichen Strich durch die Rechnung gemacht.

Babettes Erfahrungen haben sie gelehrt, dass es sinnvoll ist, auf sein Geld zu achten. Übertriebener Geiz ist natürlich auch eine Unart, doch Babette miss-fällt die heutige Gesellschaft, in der alle dazu angehal-ten werden, wie von der Mutanten-Hornisse gestochen ihr Geld zu verprassen. Babette kann ihre Annahme auch klar belegen: Neulich wollte sie beim Zahnarzt Geld sparen und durfte es nicht!

Da sie starke Raucherin ist, lässt sie sich zwei Mal im Jahr die Zähne professionell reinigen. Beim letzten Besuch hatte sie eine wahrhaft vorzügliche Idee, die sie ihrem Arzt vor der Behandlung verriet:

„Wissen Sie, was? Bevor Sie anfangen, könnten Sie mir noch schnell meine vier Weisheitszähne ziehen! Die braucht doch kein Mensch und auf der letzten Rechnung habe ich gesehen, dass Sie für die Reinigung 1,65 EUR pro Zahn verlangen, und so könnten wir den ganzen Spaß um 6,60 EUR günstiger machen.“

Doch der Zahnarzt lehnte ab.

Das machte Babette richtig wütend. Während der ganzen Zahnreinigung hielt sie ihre Geldbörse fest in

den Händen. Nur nicht locker lassen, dachte sie sich, nur nicht locker lassen! Die Aktion des Zahnarztes hatte ihr unmissverständlich gezeigt, dass Zahnärzte allesamt diebischer sind als die gemeine Elster.

Seither ist Babette unermüdlich auf der Suche nach Maßnahmen, die irgendwie den herben finanziellen Schaden, den sie beim Zahnarzt erlitt, kompensieren. Ihre Gedanken drehen sich um nichts anderes mehr.

Heute also wollte Babette mit Nik baden gehen. Es ist ein wunderschöner, sonniger Frühsommertag und die Temperaturen liegen fast bei dreißig Grad. Um den teuren Eintritt im Freibad nicht bezahlen zu müssen, hatte Babette eine Sondergenehmigung beim Ordnungsamt beantragt, damit sie und Nik im Abwasserkanal der Stadt baden gehen können. Das ist nämlich kostenfrei möglich, wenn man die entsprechende Erlaubnis hat. Natürlich hätte Babette mit Nik auch einfach so in den Kanal hüpfen können – Babettes Mitbürger scheinen die geltenden Gesetze nicht zu kennen, weswegen sie auch niemand hätte verpfeifen können –, doch das hätte Babettes Credo widersprochen. Ordnung sein muss. Der Rechtschaffene stellt Anträge.

Gesagt, getan.

Die Bürokraten des Ordnungsamts wussten gar nicht, dass es solch eine Regelung gibt, doch Babette hatte die entsprechenden Paragraphen im Internet gefunden und bekam schlussendlich Recht für eine Sache, die niemanden interessiert. Das war ein wahr-

haft göttlicher Moment für Babette, deren Endorphinhaushalt eng mit dem Wort *Recht* verknüpft ist. Sie sah die Welt in schillernden Farben, da der fröhliche Regenbogenfisch Fridolin in diesem Moment freudig über Babettes Synapsenspalte hüpfte. Sparsam sein und trotzdem Spaß haben – dass man mit dieser vortrefflichen Eigenschaft gut durch die Welt kommt, das wollte Babette ihrem Enkel nur zu gern vorführen. Jedoch funkte die übervorsichtige Maude dazwischen, indem sie meinte, dass Nik nicht im Abwasserkanal der Stadt schwimmen gehen dürfe.

Babette hätte nie gedacht, dass ihr Sohn Walter einmal eine Helikopter-Mama heiraten würde. Es war ihr dringendes Bedürfnis, Maude mit der Wahrheit zu konfrontieren:

„Weißt du, mein liebes Distelkind, ich frage mich, ob du möchtest, dass Nik lernt, sein Geld unbedacht zu verschwenden? Ich meine, heute bezahlt er für's Freibad und morgen wird er ein Smartphone haben wollen, dann kauft er griechische Staatsanleihen und spendet am Ende gar dem Tierheim Geld!"

Doch die starrsinnige Maude ließ sich nicht erweichen: „Mein Sohn wird nicht in den Abwässern der Stadt schwimmen gehen! Habe ich mich deutlich genug ausgedrückt? Und überhaupt! Was willst du mir eigentlich sagen? Dass ich Nik dazu erziehe, leichtsinnig mit Geld umzugehen?"

„Nichts, mein liebes Distelkind" entgegnete Babette, „ich will gar nichts damit sagen. Ich stelle nur fest."

Aber egal, wie stichhaltig und sinnhaft Babette auch im Folgenden argumentierte, Maude hat Babette vorsichtshalber den Umgang mit Nik bei schönem Wetter untersagt. Der Tag war also hinüber.

„Da kann ich auch genauso gut Wilfried besuchen gehen", knurrt Babette, lässt die Quietscheentchen-Schwimmflügel fallen und karrt von dannen.

Sie besucht ihren jüngeren Bruder nur ungern, obgleich sie die Vormundschaft für ihn übernommen hat, nachdem ihre Mutter gestorben war. Zeit ihres Lebens weiß Babette nicht so recht, wie sie mit ihrem Bruder umgehen soll, denn Wilfried wurde schon früh eine seelische Behinderung bescheinigt – eine Diagnose, die früher die Kurpfuscher bei allen sonderbaren geistigen Abnormitäten stellten. Für diesen Firlefanz hat Babette einfach keinen Nerv. Da kommt sie ganz nach ihrer Mutter. Diese gab Wilfried in ein Heim, wo er von früh bis spät alphabetisch alle Lieder der Rolling Stones, die sich in seiner Schallplattensammlung finden, aufzählt. Das tut er auch heute, als Babette mit ihm am Kaffeetisch sitzt:

„Baby Break it Down."

„Back to the Streets."

„Back of my Hand."

„Wilfried, gibt's denn so gar nichts Neues bei dir?"

„Back Street Girl."

24

„Back to Zero."

Wilfried hält inne und schaut Babette an.

„Beast of Burden."

Bei diesem eingeschränkten Gesprächsinhalt stellt sich Babette immer wieder die Frage, was Wilfried ihr mit der Aufzählung fremdländischer Musiktitel eigentlich sagen möchte.

Wilfrieds Pflegerin meinte vorhin auf dem Flur, dass Babettes Bruder in letzter Zeit nach veränderter Medikation um einiges kommunikativer geworden ist. Er spreche nun sogar in ganzen Sätzen, nur nicht, wenn Babette in der Nähe ist. Er habe sich sogar in die Bewohnerin Rosalie verliebt. Rosalie konnte sich nicht mehr am Leben erfreuen, seit ihr Mann vor ein paar Jahren an Krebs gestorben war. Sie weigerte sich einfach, mit irgendwem zu sprechen, und vegetierte so lange vor sich hin, bis Rosalies ältere Schwester sie ins Heim brachte. Doch Wilfried habe es auf unerklärliche Weise geschafft, sie wieder zum Reden zu bringen.

Babette weiß nicht recht, ob sie sich über diese Nachricht freuen soll. Was ist, wenn Rosalie ihrem Bruder das Herz bricht? Dann müsste Babette Wilfried von einem Nervenarzt zum nächsten schibbeln und könnte in dieser Zeit nicht mit Nik baden gehen. Vielleicht ändert Maude ja doch noch ihre Meinung, wenn sie erkennt, wie beispielgebend pragmatisch Babette ist.

Als Babette sich von ihrem Bruder verabschiedet hat und gerade sein Zimmer verlassen will, entdeckt sie

eine kleine, hagere Frau, ungefähr in Babettes Alter, mit auftoupierten Haaren und dicker Hornbrille. Diese stürmt auf dem Flur des Heims im Stechschritt in Richtung Babette und macht schäumend vor ihr Halt. Wie Babette im Gespräch erfährt, handelt es sich bei diesem Gewächs der Unruhe um Bärbel, die Schwester von Rosalie. Bärbel ist in heller Aufregung über die Liebschaft ihrer Schwester und schreckt nicht davor zurück, Babette in ihre Sorgen einzuweihen:

„Am Ende schlafen zwei Grenzdebile miteinander und das kann der liebe Gott nicht gewollt haben!"

„Ja, wen stört es? Die beiden werden zusammen doch keine Kinder mehr bekommen können!" Babette erschrickt. Hat sie sich soeben liberal geäußert? Das muss der schlechte Einfluss Maudes sein! Es könnte sich natürlich auch um eine Allergie oder um die Grippe handeln. Oder vielleicht ist es nur die Gleichgültigkeit gewesen, die Babette gegenüber ihrem Bruder empfindet.

„Wenn Rosalie noch länger mit Wilfried zusammen ist, wird es untragbare Zustände für meine Schwester geben! Sie sprach neulich sogar davon, dass sie ihn vielleicht heiraten würde. ‚Ein spätes Glück am Lebensabend', meinte sie. So ein Unfug! Sie wissen gar nicht, was das für Konsequenzen für meine liebe Rosalie hat!"

Ärger steigt in Babette hoch, weil sie sich fremdes Elend anhören muss. Schließlich ist es eine Unart, andere mit seiner Not zu belästigen.

Doch Bärbel lässt sich nicht aufhalten:

„Ich bitte Sie mit allem Nachdruck, der mir innewohnt, dass Sie Wilfried beibringen, dass er meine Schwester nicht mehr sieht! Ich verbiete einfach den Umgang! Denn wenn das so weitergeht, heiraten beide vielleicht wirklich noch, und wissen Sie, was dann passiert?"

Babette antwortet nicht und stellt sich stattdessen vor, wie sie mit voller Wucht eine Tischtenniskelle in Bärbels Maul schlägt, sodass es deren Zähne aus dem Kiefer haut.

„Dann verliert meine Schwester ihre Witwenrente!"

Nun aber horcht Babette auf. Nach einem Augenblick der Stille sagt sie schließlich mit weicher Stimme: „Ja, wo die Liebe hinfällt ... Da können wir nichts machen. Wie meine Hippie-Schwiegertochter immer so schön in Fremdländisch sagt: ‚*All you need is love*.'"

Und so lässt Babette die Bärbel mit ihren Sorgen allein und denkt sich auf dem Weg nach draußen: *All you need is love*. Ja, am Arsch! All you need, is Witwerrente! Wer nichts wagt, dem überweist die Rentenversicherung auch nichts. So kriege ich mit etwas Glück die Mehrkosten vom Zahnarzt wieder rein. Bei der hysterischen und irrationalen Vogelscheuche von Schwester kratzt die alte Schachtel Rosalie doch sicherlich vor Wilfried ab und dann ist er es, der etwas mehr Rente bekommt! So etwas nennt sich ausgleichende Gerechtigkeit.

Babette ertappt sich dabei, wie sie auf dem Weg vom Heim nach Hause über den Bürgersteig hopst. Vielleicht war es doch ein guter Tag.

Logbucheintrag 4: Geburtstag

Heute hat Babette Geburtstag und auch heute ist sie unglaublich wütend. Es ist früher Nachmittag und sie wartet darauf, dass endlich ihr Sohn Walter mit Maude und Nik zum gemütlichen Kaffeetrinken auf Babettes Veranda erscheint. Vielleicht würde der Tag dann besser werden. Bisher jedenfalls war er wenig erfreulich.

Babettes ganzer Ärger fand seinen Anfang, als sie am Abend zuvor ein Hornissennest unter der Regenrinne vor ihrer Haustür entdeckte und beschloss, den unliebsamen Bewohnern ein Ende zu bereiten. Sie holte ihren Staubsauger und saugte alle Hornissen ein, bis keine mehr übrig war. Dann entfernte sie mit einer Mistgabel das Insektennest und schmiss es in die nächstgelegene Tonne. Nicht ihre Schuld, dass dies der Plastikmüll war. Den Staubsauger stellte sie zurück in den Schrank ihres Schlafzimmers.

In der Nacht hörte Babette in ihrem Schlafzimmerschrank ein beständiges Summen und Brummen. An erholsamen Schlaf war nicht zu denken.

„Jetzt gebt doch endlich einmal Ruhe!", schrie Babette und drückte sich das Kopfkissen auf ihre Ohren. „Das ist ja nicht zum Aushalten!"

Doch das Surren hörte nicht auf. Babette war allerdings von ihrer abendlichen Saugaktion viel zu erschöpft, als dass sie die Kraft besessen hätte, sich aus ihrem Elend zu befreien. Zornig lag sie im Bett und fantasierte stattdessen von Allergiker-Staubsaugern, bei

denen alles, was man wegsaugt, in einen Wasser-behälter abgeführt wird. Von diesen Staubsaugern hatte Babette einmal im Einkaufs-Fernsehen erfahren. Nun stellte sie sich vor, wie sie in ihrem Fernsehsessel vor dem Staubsauger saß und in der durchsichtigen Wasserbox beobachtete, wie eine Hornisse nach der anderen langsam verreckte.

Doch leider hatte Babette keinen solchen Staub-sauger und musste so in ihrer Not verharren. Ab und an nickte sie kurz weg.

„Also ich würde ja an meiner Stelle alles ganz anders und viel besser machen. Das macht mich alles so wütend", murmelte sie im Halbschlaf.

Als das letzte Summen der Hornissen verstummte, war es auch schon Morgen und Babette stand auf. Nur schwerfällig kroch sie aus dem Bett, doch schließlich war es ihr Geburtstag und sie wollte um keinen Preis irgendetwas verpassen. Sie machte sich einen Kaffee, setzte sich in ihren Fernsehsessel und schaute Früh-stücksfernsehen. Sonst passierte nichts. Sie wünschte sich, dass ihr Sohn Walter jetzt da wäre, um mit ihr den Tag zu verbringen, doch er würde erst zum Kaffee gegen zwei aufschlagen.

Hin und wieder blickte Babette nach draußen, um nach dem Briefträger zu schauen. Gegen elf Uhr kam er endlich und Babette sah, wie er etwas in ihren Brief-kasten warf. Das konnte nur ihre Geburtstagspost sein, dachte sie sich und eilte schnurstracks hinaus.

Babettes Briefkasten, der an ihrem Zaun hängt, ist ungemein groß: einen halben Meter hoch, 40 cm breit und 20 cm tief. Damit sprengt er alle Empfehlungen zur Größe von Briefkästen, doch Babette sieht es als ihre heilige Pflicht an, gegen diese Form der Bevormundung zu rebellieren.

Als Babette die Magnolie fällte, hat ein Eichhörnchenpaar in ihrem Briefkasten Asyl gesucht und sich darin eingenistet. Das stört Babette auch nicht weiter, denn bis auf einen gelegentlichen Brief von irgendeiner Behörde bekommt sie keine Post mehr. Als sie aber heute ihren Geburtstagsbrief aus dem Briefkasten fischeln wollte, musste sie feststellen, dass das Eichhörnchenpaar Babettes Briefkasten in einen Swinger-Club verwandelt hatte. Babette sah eine Horde Eichhörnchen, die es alle miteinander trieben. Sie bildeten ein solches Geflecht, dass sie beim besten Willen nicht mehr erkennen konnte, wo ein Eichhörnchen anfing und wo ein anderes aufhörte.

Babette zog den Brief mit spitzen Fingern aus dem Eichhörnchen-Wust heraus und schrie: „Das ist ja wohl das Allerletzte!" Dann knallte sie voller Wut die Briefkastentür zu. Die Eichhörnchen ließen sich davon nicht weiter beeindrucken und Babette hörte, wie das muntere Treiben einfach weiterging.

Sie stapfte zurück ins Haus. Sie war viel zu übermüdet, um sich um Sex-besessene Eichhörnchen zu kümmern.

Zurück in ihrem Fernsehsessel widmete sich Babette ihrer Geburtstagspost. Sie war wütend, dass ihr die Kirche keine Karte geschickt hatte. „Früher haben die so etwas noch gemacht. Wenn ich Pfarrer wäre, ich würde alles ganz anders machen!", entfuhr es ihr. Babette ist keine regelmäßige Kirchgängerin. Hin und wieder aber besucht sie den Gottesdienst und denkt dabei, wie stolz ihre Mutter auf sie ist, wenn sie im Himmel sieht, dass Babette zur Andacht geht.

Absender der einzigen Geburtstagskarte, die Babette an diesem Tag erhielt, war Amthor von Donnersklöppel, der Vorsitzenden der Ortsgruppe der Neuesten Preußen. Die ehrbaren Bürger, so rechtschaffen wie Babette, sind die einzigen, die es noch für nötig halten, Babette zu gratulieren. Beim Öffnen des Briefes schnitt sie sich in den Finger. Ein Pflaster aufkleben wollte sie sich an diesem zerrütteten Vormittag nicht. „Das sollen mal schön andere machen! Schließlich ist es ja mein Geburtstag!", sagte sich Babette und wählte den Notruf, gab ihre Adresse durch und sagte, dass sie eine Handverletzung habe und Blut im Spiel sei. Dann legte sie auf, bevor es lästigen Nachfragen hätte geben können.

Eigentlich wäre es die Aufgabe ihres Sohnes Walter gewesen, sie zu verarzten, doch seit er vor zwölf Jahren Maude geheiratet hat, kann sich Babette darauf verlassen, dass er nur noch zum Kaffee an ihrem Geburtstag vorbeikommt. Wie wütend sie das macht!

Fünf Minuten später standen schon die Rettungs-sanitäter vor der Tür und waren ziemlich verärgert, als sie Babettes Schnittverletzung sahen. Am liebsten hätten sie ihr jede Hilfe verweigert, klebten ihr jedoch letzten Endes ein Pflaster an den Finger. Unhöflich waren sie allesamt, wie Babette fand. Keiner von ihnen gratulierte der Schwerverletzten zum Geburtstag, ob-wohl sie den Sanitätern mehrmals ihre Geburtsurkun-de zeigte, um zu demonstrieren, dass die Sanitäter ei-ner rechtschaffenen Landsmännin helfen dürfen.

„Ich verdiene das Pflaster auf meinem Finger. Ich bin gebürtige Staatsbürgerin!"

Doch die Rettungssanitäter verdrehten die Augen und verließen Babette ohne einen Abschiedsgruß.

Insgesamt ist es also bis jetzt ein wenig erbaulicher Geburtstag gewesen, muss Babette in ihrem Fernseh-sessel feststellen. Da steht ihr Sohn mit Frau und Kind am Gartentor. Babette sprintet nach draußen und um-armt Walter, der ihr sogleich gratuliert. Doch Babette kann seine Glückwünsche kaum verstehen, da es laut-stark im Briefkasten der Lüste rappelt. Sie haut mit der Faust auf den Briefkasten und brüllt: „Jetzt ist aber mal Ruhe im Karton!"

Nachdem auch Maude Babette gratuliert hat, setzt sie ihrer Schwiegermutter ein Papierhütchen auf den Kopf und grinst sie an.

„Oma, du siehst lustig aus", ruft ihr Enkel Nik, doch Babette ist sichtlich verärgert und krakeelt: „Nein, ich sehe überhaupt nicht lustig aus. Ich sehe

total bescheuert aus! Nimm mir das elende Ding vom Kopf! Ich bin doch nicht vollkommen bemoost!"

Maude nimmt ihr das Hütchen ab und erntet einen bösen Blick von Babette.

Danach führt die Jubilarin ihre Gäste auf die Veranda und bittet sie, sich doch zu setzen. Dabei blickt Babette auf den Briefkasten. Die Schwanzspitze eines Eichhörnchens schaut aus dem Briefkastenschlitz hervor.

„Hattest du bisher einen schönen Geburtstag?", fragt Walter. „Wir wären schon gerne eher gekommen, aber ..."

Er kann seinen Satz nicht zu Ende bringen, denn Babette grätscht ihm dazwischen: „Ach, du bist doch verrückt, mein Sohn! Das wäre mir beim besten Willen nicht recht gewesen. Ich hatte ja so viel zu tun."

Als Geburtstagsgeschenk haben Walter und Maude einen Allergiker-freundlichen Staubsauger mitgebracht. „Schau mal, Babette", sagt Maude, „der Staubsauger hat einen Wassertank, so kann der Staub keine Niesattacken mehr auslösen!"

„Also, so einen Quatsch gab es früher nicht. Ich weiß wirklich nicht, was ich damit anfangen soll", entgegnet Babette. „Aber gut. Ich werde jetzt einmal den Tisch decken!"

Sie steht auf und platziert das gute Sonntagsgeschirr auf dem Tisch. Alles ist schön arrangiert mit Sammeltassen. Nur an Babettes Platz steht jene Kaffeetasse, die sie immer benutzt. Sie hat den Kaffeepott von ihrer

Mutter geerbt und kann nicht anders, als ihn immer wieder zu nehmen, obgleich er schon unzählige Male heruntergefallen ist und der Rand ganz zerbröckelt erscheint. Babette hat alle abgebrochenen Scherben immer wieder angeklebt und so gleicht der Kaffeepott einem wilden Mosaik. Ihr eigener Kaffee schmeckt Babette schon seit Jahren nicht mehr, da sich immer wieder Leimreste vom Rand lösen. Um den Kaffee deswegen bekömmlicher zu machen, fügt sie nach dem Brühen stets einen Esslöffel Apfelessig hinzu, da sie irgendwo gelesen hat, dass der Essig den Säure-Basen-Haushalt ins Gleichgewicht bringt und den Körper reinigt.

Walter und Maude haben schon lange Angst vor Babettes Kaffee, doch sie trauen sich nicht, dies zu äußern, um Babette nicht unnötig aufzuregen.

Jetzt bemerkt Babette, dass sie wegen des aufregenden Vormittags ganz vergessen hat, ihre Geburtstagstorte aus dem Gefrierfach zu nehmen. „Dann tun wir eben alle so, als ob wir ein Eis essen", sagt sie und schneidet eine gefrorene Schwarzwälder Kirschtorte an. Babette haut ihr Stück in kleine Teile, gabelt sie auf und tunkt sie zum Auftauen in ihren Kaffee, bevor sie sie isst. Ihre empfindlichen Zahnhälse danken es ihr. Mit der Zeit bildet sich in Babettes Tasse ein Matsch aus Kaffee und Torte, den sie zu guter Letzt auslöffelt. Walter, Maude und Nik lutschen eifrig an ihrem Tortenstück.

Babette schaut immer wieder zum Briefkasten, aus dem sie Geräusche der Sinnesfreude vernimmt, und murmelt: „Was für ein schweinisches Gesindel, so eine alberne Rasselbande." Währenddessen holt Nik ein Buch mit weißen Blättern aus seinem Rucksack und beginnt zu malen. Er zeichnet eine Kuh, die auf einem gefrorenen See Schlittschuh läuft.

Es rappelt im Briefkasten.

Babette holt einen Stock, geht zum Briefkasten und schlägt darauf ein: „Jetzt ist aber einmal gut da drinnen, ihr elenden Schweineigel!"

Dann geht sie zurück zum Tisch, schaut sich Niks Zeichnung an und schüttelt den Kopf. Sie blickt zu Maude und sagt: „Also, das schönste Geburtstagsgeschenk wäre gewesen, wenn ihr Nik endlich einmal in einem Turnverein angemeldet hättet. Körperertüchtigung braucht der Junge, und kein Malbuch. Ich will stramme junge Männer sehen!"

„Da könnte ich Nik genauso gut zu den Messdienern schicken", sagt Maude trocken.

„Dass du die Kirche immerzu verspotten musst, das regt mich echt auf!", faucht Babette zurück.

„Also, wenn du es so willst, leben wir doch Kirchen-konform", sagt Maude angriffslustig, „immerhin haben wir Nik erst ein Jahr nach unserer Hochzeit bekommen, was man von Walter so nicht behaupten kann."

Eigentlich wollte Maude das gar nicht sagen. Doch es überfiel sie einfach.

„Genau, ich bin nämlich ein Bastard, Mama!", witzelt Walter, der selten genug zu Wort kommt.

Scheiße, denkt sich Maude. Warum muss Walter weitermachen? Beide hatten sich doch vorgenommen, Babette nicht allzu sehr zu hänseln.

„Dass ihr Distelkinder damit anfangen müsst – und dazu noch vor Nik!" Babettes Stimme wird immer fuchsiger.

Nik malt weiter an seiner Kuh und bekommt das Gespräch der Erwachsenen gar nicht mehr mit. Unterdessen wird es im Briefkasten ruhiger.

„Also weißt du, was ich wirklich schon öfters festgestellt habe?", entfährt es Maude als Nächstes. Sie kann sich nicht mehr bremsen. Die Verlockung ist zu groß. „Also ich meine, wenn ich mir alte Fotos von deinem Mann anschaue, dann sehe ich keine Ähnlichkeit zwischen ihm und Walter."

Babettes Gesichtsfarbe wechselt ins Rot. Bevor sie etwas auf diese Frechheit sagen kann, verliert auch Walter seine Zurückhaltung und meldet sich erneut zu Wort. An ihrem Geburtstag hat der sonst so verschwiegene Sohn scheinbar alle Freude, seine Mutter herauszufordern:

„Da hörst du es. Ganz ehrlich, ich habe mich schon öfter gefragt, wie viele Liebhaber du vor Papa hattest und ob es da vor deiner Hochzeit Überschneidungen gab."

Maude überlegt, ob es nicht ein guter Zeitpunkt wäre, Babette zu sagen, dass sie beide den Kaffee unter

aller Sau finden. Viel mehr könnten sie Babette kaum aufregen. Derweil fährt Walter fort:

„Ich meine, von den körperlichen Merkmalen sehe ich Papa überhaupt nicht ähnlich. Was bitte schön habe ich denn von meinem Vater geerbt?", fragt er spitzbübisch.

„Deinen Sack, Walter", zischt Babette, „deinen Sack und dein elendes Sackgesicht!"

Babette steht auf und geht zum Eingang ihres Grundstückes. Dort öffnet sie ihren Briefkasten und sagt dem völlig erschöpften Rudel Eichhörnchen, wie enttäuscht sie von ihnen ist.

Logbucheintrag 5: Eheglück

An einem warmen Sommertag Ende August ist Babette zum Mittagessen bei ihrem Nachbarn Waldemar und seiner Frau Waldtraut geladen und sie ist fürchterlich wütend. Eigentlich findet es Babette wichtig, dass Nachbarn zusammenhalten – gerade in der heutigen Zeit, wo draußen nur noch Egoisten unterwegs sind. Sie könnte den Besuch aber mehr genießen, wenn sie ihre Zeit allein mit Waldemar verbringen könnte, ohne seine lästige Frau, die Babette immer wieder aufs Neue auf die Palme bringt.

Babette, auf der Wohnzimmercouch mit Waldemar sitzend, versucht sich gerade mit ihrem Nachbarn zu unterhalten, als Waldtraut mit Wein und Gläsern auf einem Tablett aus der Küche hereintorkelt.

„Hase, ich habe dir schon einmal Wein gebracht! Preußische Burschentraube, den magst du doch immer so."

Auch ohne ihr immenses Übergewicht ist Waldtraut noch nie eine Schönheit gewesen, findet Babette. Waldtrauts Zähne stehen furchtbar hervor, sie riecht nach Bahnhofstoilette und hat zudem schrecklichen Mundgeruch. Das Schlimmste an Waldtraut ist aber, dass sie bedenkenlos als bauernschlau bezeichnet werden kann, was für Babette nichts weiter als ein anderes Wort für *grenzdebil* ist. Wie man ein Huhn schlachtet, weiß Waldtraut gerade noch, aber ansonsten bleibt der Zug immer eine Haltestelle vor dem Hauptbahnhof

auf dem Gleis liegen, wie es Babette einmal ausgedrückt hat.

Babette und Waldemar stoßen auf dem Sofa auf einen gemütlichen Sonntag an, während Waldtraut zurück in ihre Küche wankt.

Es heißt ja immer: „Jung gefreit hat nie gereut", doch Babette hat an dieser Redewendung so ihre Zweifel. Was um alles in der Welt fängt Waldemar mit der alten Schabracke an, die den ganzen Tag nur rumsitzt, kocht und eine Spannung verbreitet wie die Helene-Fischer-Show?

„Hase, ich stelle schon einmal die Teller auf den Tisch", sagt Waldtraut vorsichtig und bringt das Geschirr aus der Küche. Babette und Waldemar schauen ihr schweigend zu.

Als Waldtraut wieder in der Küche ist, fragt Babette: „Du weißt schon, dass alte Besen nicht mehr gut kehren?" Sie erntet daraufhin einen verständnislosen Blick ihres Nachbarn. „Ach, ist ja auch egal. Waldemar, mein Lieber, erzähl doch mal, wie es bei deiner Bürgerwehr so läuft!"

„Hase, hier sind schon einmal die Klöße", kommentiert Waldtraut ihr weiteres Vorgehen und stellt eine abgedeckte Schüssel auf den Tisch. Dann verschwindet sie ein weiteres Mal.

Waldtrauts schwerfälliges und aufmerksamkeitsheischendes Wesen empfindet Babette schon als Belästigung, da sie sich mit Waldemar nicht über die wichtigen Dinge des Lebens unterhalten kann. Doch zu al-

lem Überfluss nennt Waldtraut ihren Ehemann auch noch „Hase". Einen bescheuerteren Kosenamen hätte sie sich nicht einfallen lassen können. Aber damit stellt Waldtraut wieder einmal nur ihre Blödheit zur Schau.

Waldemar schildert Babette, dass die im Schützenverein gegründete Bürgerwehr demnächst auf Patrouille gehen solle, um rechtschaffene Bürger vor den Borasisis zu schützen. Es fehle nur noch an einer Verstärkung der Mannschaft, die neben ihm als einzigem Mitglied noch weitere Mitstreiter bräuchte. Gern hätte Waldemar Parteimitglieder der Neuesten Preußen angeworben, doch diese möchten sich nicht daran beteiligen, obwohl der Ortsvorsitzende Amthor von Donnersklöppel natürlich befürwortet, wenn Bürger das Recht in die eigene Hand nehmen. Waldemar meint, dass jetzt im Spätsommer alles noch harmlos sei, weil alle rechtschaffenen Bürger im Urlaub seien, aber spätestens im November würden die Leute wieder komisch und bräuchten Kontrolle.

„Hase, ich schneide schon einmal den Stollen an", ruft Waldtraut aus der Küche. Einen Augenblick später balanciert sie eine Platte herein, auf der Stollen und Lebkuchen liegen. Dekoriert ist alles mit Erdbeeren, Sauerkirschen und einem Berg Schlagsahne. Waldtraut stellt die Platte auf den Couchtisch.

Babette ist sauer auf Waldtraut, die immer schon etwas gegen die Bürgerwehr hatte. Nichtsdestotrotz greift sie gemeinsam mit Waldemar beherzt zu. Beide finden, dass das Weihnachtsgebäck früher besser ge-

schmeckt habe. Ohne die Sahne kriege man Stollen und Lebkuchen in der Hitze des Spätsommers gar nicht runter.

„Hase, hier ist das Rotkraut", keucht Waldtraut, die mit einem Topf in der Tür steht und nach Luft schnappt. Ihre Körperfülle macht ihr zu schaffen. „Ich habe wie immer reichlich Speck dazugegeben und Johannisbeermarmelade reingerührt. So sollte es dir doch gefallen!" Aus der sicheren Entfernung ihres Sofas beobachten Babette und Waldemar kauend Waldtrauts Dienste.

Babette erinnert sich noch daran, als wäre es gestern gewesen, wie aufgebracht Waldtraut war, nachdem Waldemar ihr von seinem Beschluss berichtet hatte, eine Bürgerwehr im Schützenverein zu gründen. Seitdem Waldemar aus der Kirche austrat, ist es ihm ein besonderes Anliegen, die christlichen Werte zu verteidigen und sicherzustellen, dass sich alle ordentlich benehmen. Der Kirchenaustritt hatte für Waldemar keine ideologischen Gründe wie bei Babettes Schwiegertochter Maude. Er war nur überrascht gewesen, wie viel Steuern er auf seine Rente bezahlen musste, und sein Steuerberater hatte gemeint, der Kirchenaustritt sei die einzige Möglichkeit, mehr von der Rente zu haben.

„Die Kirche kriegt nichts. Nicht einmal den Dreck unter den Fingernägeln. Selbst den fresse ich lieber allein", sagte Waldemar damals zu Babette, die sonst immer befürwortet, in der Kirche zu verbleiben, und jeden verachtet, der sich gegen sie wendet. Bei Walde-

mar macht sie jedoch eine Ausnahme. Er ist ja sonst so ein guter und gescheiter Kerl. Auf Drängen Waldemars trat auch Waldtraut aus der Kirche aus. Alle ihre Freundinnen waren in der Kirche und Waldtraut hat sie seit ihrem Austritt nicht mehr gesehen. Sie sagte nur: „Wer A sagt, muss auch B sagen", und: „In guten wie in schlechten Zeiten." Dann war sie auch wieder lieb, kochte und aß.

Von der Idee mit der Bürgerwehr war Waldtraut aber wenig begeistert und sie mahnte ihren Mann: „Das machst du nicht!" Doch er ignorierte die Forderung seiner Frau. Waldemar marschierte schnurstracks aus dem Haus. Waldtraut wollte sich ihm in dem Weg stellen, doch ihre Leibesfülle sorgte dafür, dass sie ihn nicht mehr einholen konnte. Sie stürzte die Treppe des Hauses fast hinunter, fing sich noch und hievte sich bis zum Tor der Grundstückseinfahrt. Waldemar hatte sich mit dem Gewehr in der Hand bereits zwanzig Meter von seiner Frau entfernt. Babette war in diesem Moment in ihrem Vorgarten, um die Magnolie zu fällen, als sie Waldtraut Waldemar hinterherrufen hörte: „Hase, du bleibst hier!" Doch Hase ging in den Schützenverein.

Babette hat kein Verständnis für Waldtraut. Die Ablehnung der Bürgerwehr wird sie noch einmal das Leben kosten. Das würde Babette Waldtraut wünschen. Zwischen zwei Lebkuchen mit Sahne stellt sie sich vor, wie ein Borasisi kommt und Waldtraut einfach überrennt. Wenn das passierte, würde die überge-

wichtige Waldtraut einfach umfallen und nicht mehr aufstehen können. Babette fantasiert, wie Waldtraut wie ein Käfer auf dem Rücken liegt, die Beine und Arme hilflos in die Luft gestreckt. Keine der umstehenden Personen würde ihr aufhelfen können, da sie viel zu schwer ist. Sie alle müssten Zeugen werden, wie zu guter Letzt eine Horde Ameisen kommt, Waldtraut wie eine Raupe in ihren Monster-Ameisenhaufen abtransportiert und auffrisst. Ganze Imperien an Ameisenkolonien könnten sich von Waldtrauts Körperfett über Dekaden ernähren. Was für eine liebliche Vorstellung, denkt Babette.

„Hase, ich habe extra viel Speck in die Soße getan!", verkündet Waldtraut zaghaft, die eine Sauciere auf den Tisch stellt und Babette aus ihrem Tagtraum reißt. Dann sagt Waldtraut: „Hase, es geht gleich los. Ich muss nur noch die Schalen auf den Kompost bringen!"

„Bei der Gelegenheit könntest du dich gleich mit auf den Haufen schmeißen!", hätte Babette ihr beinahe hinterhergerufen. Doch Waldemar zuliebe verkneift sie sich den Kommentar. Aus dem Wohnzimmerfenster sehen Babette und Waldemar, wie Waldtraut langsam, aber sicher quer durch den Garten zum Komposthaufen wackelt.

Babette fragt sich, ob Waldtraut wirklich nur wegen ihrer Dickleibigkeit schwankt. Es ist allgemein bekannt, dass sie während Waldemars Abenden im Schützenverein in die Speisekammer geht und eine

Flasche Sekt leert. Vielleicht hat sie sich beim Kochen schon wieder einen genehmigt. Das würde zumindest erklären, warum sie nicht mit Babette und Waldemar angestoßen hat. Babettes Verachtung für Waldtraut kennt nun keine Grenzen mehr. Den ganzen Tag herumsitzen, kochen und Sekt trinken – das ist das Einzige, was Waldtraut noch kann! Wenn sie wenigstens eine richtige Droge nehmen und nicht nur Alkohol trinken würde. Gestern Abend hat Babette einen Bericht über eine neumodische Droge gesehen, die in ihrer Erinnerung Kristall-Minze heißt.

„Hase, die Rouladen kommen auch gleich", ruft Waldtraut aus der Küche. Sie scheint schneller als gedacht vom Komposthaufen zurückgekehrt zu sein.

Ja, Waldtraut wäre Babette um einiges sympathischer, wenn sie sich mit der Kristall-Minze zudröhnen würde. Dann hätte sie sicher auch einen frischeren Atem. Die Droge sorgt zudem dafür, dass den Konsumenten nach kurzer Zeit die Zähne ausfallen, und bei Waldtrauts schiefem Gebiss hätten da alle gewonnen. Babette fragt sich, wie um alles in der Welt sie an diese Kristall-Minze gelangen kann, um sie Waldtraut zu verabreichen. Da fällt ihr ein, dass ihre Hippie-Schwiegertochter Maude die Pflanze sicherlich in ihrem Schrebergarten anbaut. So verlottert, wie das Distelkind Maude ist, sollte sie alle möglichen Drogen in den Beeten haben. Babette beschließt, bei Gelegenheit Maudes Schrebergarten nach der Kristall-Minze zu durchsuchen.

Waldtraut stellt den Tiegel mit den Rouladen auf den Tisch und überschaut das im Wohnzimmer verteilte Essen. Sie sieht die Rouladen und die mit Speck angereicherte Soße, die Klöße und das mit Marmelade und Speck verfeinerte Rotkraut, den frisch angeschnittenen Stollen und die Lebkuchen, die Dekoration aus Erdbeeren und Kirschen sowie den Berg Schlagsahne.

Erschöpft setzt sich Waldtraut hin. Dann sagt sie: „Ei, das viele Essen, wo soll denn das alles nur hinführen?"

„Na, da musst du einmal in den Spiegel schauen, dann siehst du, wo das hinführt!", ruft Babette zu Waldtraut. Dann nimmt Babette Waldemar an die Hand und signalisiert ihm mit dem Glas Preußische Burschentraube in der anderen Hand, vom Sofa aufzustehen und zum Esstisch zu gehen. Unterdessen faltet Waldtraut ihre Hände zum Tischgebet.

Logbucheintrag 6: Halloween

Beim Blick auf den Kalender wird Babette ausgesprochen wütend. In genau zwei Wochen ist Halloween und sie ist maßlos empört, wie fremdländische Feiertage allmählich die hiesige Kulturlandschaft perfide umkrempeln. Nik hatte sie vor kurzem über Martin Luther aufklären wollen, doch er freute sich nur darauf, dass er am 31. Oktober als Polizist verkleidet Süßigkeiten einfordern würde.

Doch Babette weiß auch, dass sie nicht alle unliebsamen Veränderungen aufhalten kann. Zumal eine Kulturrevolution nach der anderen im Gange ist. Neulich erfuhr sie im Fernsehen, dass irgendwelche Tierschützer Eltern baten, ihre Kinder nicht als Indianer zu verkleiden, da dies die Gefühle der amerikanischen Ureinwohner verletzen könnte. Angeblich würden durch die Kostüme reale Menschen in das Reich der Märchen und Mythen verbannt und deren kulturelles Erbe entstellt – ähnlich wie die Bücher von Karl May dies fadenscheinig taten. Die Tierschützer meinten zudem, dass diese Praktik eine Form der kulturellen Aneignung sei und dass dies Menschen beleidigen könne.

Babette als große Bürgerrechtlerin ist sich ihrer Verantwortung selbstredend bewusst und sie weiß, dass sie in ihrem Betätigungsdrang rational und besonnen abwägen muss, welches Gut sie zuvorderst verteidigen und bewahren muss: das Recht sich, wie Men-

schen aus einer fremden Kultur anziehen zu dürfen, oder das eigene kulturelle Erbe, indem sie auf den Reformationstag aufmerksam macht?

Für Babette liegt der Fall ganz klar auf der Hand: Natürlich ist das Wichtigste, die Freiheit zu verteidigen, sich so anziehen zu können, wie man das möchte. „Ich werde mir von Menschen doch nicht vorschreiben lassen, dass ich nicht so sein und aussehen kann wie sie", ruft Babette laut.

Wenig später erzählt sie völlig begeistert Walter und Maude von ihrem Ansinnen, die Freiheiten des Landes zu verteidigen. Sie möchte, dass ihr Enkel in Zukunft alle Privilegien genießen kann, die sie auch ihr Leben lang besaß. Überdies hat sie in der Zwischenzeit eine vorzügliche Idee entwickelt, ihren Aktivismus umzusetzen: „Ich werde zu Halloween als Pocahontas verkleidet um die Häuser ziehen und mich unter das Volk mischen. Und du, Walter, kommst mit – als John Smith verkleidet!"

Doch Walter lehnt ab: „Das möchte ich wirklich nicht machen. Das würde sich so anfühlen, als ob ich Inzest bewerbe."

Auch Maude äußert sich wenig erfreut über Babettes Idee: „Du machst dich lächerlich. Und du kämpfst für eine Sache, die lächerlich ist. Was meinst du, wie es Nik ergehen würde, wenn er heute als Indianer herumläuft, später in Amerika studiert und dort zu einem Ureinwohner sagt: ‚Hey, früher habe ich mich als du verkleidet!'? Kannst du verstehen, dass das

vielleicht nicht ganz so gut ankommt und er sich dann schämt?"

Doch Babette versteht nicht. Sie raunzt Maude an: „Du wirst noch einmal an mich denken, wenn du in Vollverschleierung herumlaufen musst!"

Maude schüttelt den Kopf. „Dir wäre es bestimmt lieb gewesen, wenn der Ehemann von Nietzsches Schwester in Lateinamerika Erfolg gehabt hätte?", fragt sie nach einer kurzen Pause und schaut Babette bezwingend an.

„Darauf kannst du dich verlassen", entgegnet diese schnippisch. Dabei weiß Babette noch nicht einmal, was Maude, die studierte Philosophin und Anthropologin, überhaupt meint. „Dass das nicht geklappt hat, das hat mir so gar nicht imponiert!"

„Du weißt, dass die Illuminaten es waren, die das Ganze vereitelt haben?", fragt Maude weiter.

„Was sollen die Illuminaten denn damit zu tun haben?" Babette schaut ungläubig.

„Die werden schon ihre Gründe haben!", sagt Maude in einem selbstsicheren Ton. Ihr Gesicht zeigt keine Mimik.

„Na, da hast du dieses Mal vielleicht sogar Recht!", antwortet Babette.

Einige Tage darauf, am 31. Oktober, macht sich Maude abends gerade die Haare, als es klingelt. Sie öffnet die Haustür und in der Tat steht Babette vor ihr in einem Pocahontas-Outfit. Babette trägt einen kurzen

Lederrock und ein Lederhemd, an ihren Füßen befinden sich Mokassins. Zudem hat sie sich Traumfänger-Ohrringe angelegt und an ihrem Hals baumelt eine Perlenkette, an der Federn mit Klebeband befestigt sind. Einen Ledergürtel hat Babette zweckentfremdet und nutzt ihn als Stirnband, in dem ebenfalls Federn stecken – gelbe, rote und schwarze. In denselben Farben hat sich Babette unter ihren Augen mit Schminke Striche gezogen, die eine Kriegsbemalung darstellen sollen. In der einen Hand hält sie einen ausgehöhlten Kürbis mit einer Schlaufe, den sie für das Sammeln von Süßigkeiten nutzen möchte. Mit der anderen Hand zieht Babette einen Schildkrötenpanzer hinter sich her, den ihr Vater einst von einer Reise mitbrachte und an den sie Rollen geklebt hat. Babette hatte irgendwann gelesen, dass eine Schildkröte irgendwie irgendetwas mit der Schöpfungsgeschichte der Indianer zu tun hat, und das macht doch ihre Aufmachung um einiges authentischer.

„Na, wie sehe ich aus?", fragt Pocahontas voller Stolz.

Maude kann es nicht fassen. Vor Schreck rollen ihr die Lockenwickler aus den Haaren.

„Wie eine Squaw auf der Restefickrampe", antwortet Maude. „Wie eine Squaw auf der Restefickrampe!"

Doch Babette überhört die Kritik und fragt, ob nicht wenigstens Nik in seinem Polizei-Kostüm sie begleiten möchte.

„Das geht leider nicht", entgegnet Maude, „Nik hat aus irgendwelchen Gründen auf dem Heimweg von der Schule einen großen Haufen Hundedreck gegessen und liegt nun mit Bauchschmerzen im Bett."

„Na gut", sagt Babette, sichtlich enttäuscht, „dann muss ich eben allein für Niks Zukunft kämpfen! Auf bald, mein liebes Distelkind!"

Noch ehe die Haustür ins Schloss fällt, kann man eine Stimme aus dem Kinderzimmer hören, die da fragt: „Ist die Oma endlich weg? Die ist voll peinlich!"

Doch auch dies dringt nicht mehr zu Babette durch. Sie ist vollkommen darauf konzentriert, den Kampf der Gerechten zu kämpfen.

„Die Zeit ist gekommen. Jetzt geht's um alles! Mögen die Spiele beginnen!", schreit Babette und rennt in ihrem Pocahontas-Kostüm auf der Straße in die dunkle Nacht hinein. Die epische Schlacht um die Rechtschaffenheit und Ausdrucksfreiheit hat soeben begonnen.

„Für die Verteidigung unserer Freiheiten! Ich bin eure Pocahontas. Gebt mir Süßes, oder ihr kriegt Saures!" Mit diesem Ausruf rauscht Babette in ihrem Outfit durch die Straßen und verlangt von den Passanten Süßigkeiten.

„Ich sammle Süßes für meinen Enkel, als freie Bürgerin mit freier Kostümwahl!"

Die meisten der umherziehenden Menschen wechseln bei Babettes Herannahen die Straßenseite, da sie es mit der Angst zu tun bekommen. Ein Paar winkt freundlich ab und einige kostümierte Kinder schmei-

ßen ein paar Bonbons in Babettes Kürbis, weil sie Mitleid mit der einsamen und verwirrten alten Frau haben, die sich keine ordentlichen Kleider mehr leisten kann. Zwischenzeitlich sagt ein Mann zu seiner Frau: „Das machen also die mickrigen Renten mit alten Leuten!", und ein Obdachloser ruft Babette zu: „Geh doch zur Tafel, wenn du Essen brauchst!"

Babette schreit zurück: „Ich mache das hier doch nur für meinen Enkel, damit er später einmal stolz auf mich ist und sagen kann, dass wenigstens die Oma gehandelt hat. Und abgesehen davon würde ich niemals zur Tafel gehen. Da sind mir zu viele Borasisis!"

Andere Passanten sind bei Babettes Anblick ziemlich verwirrt. Für einen Moment glauben sie aufgrund der Farben ihrer Federn und der Kriegsbemalung, dass dieses Jahr schon wieder die Fußball-Weltmeisterschaft in einem Wüstenstaat stattfindet und demzufolge die ersten Spiele der Gruppenphase im Spätherbst ausgetragen werden. Konfus schauen sie sich nach einem Public-Viewing-Platz um, zu dem Babette marschieren könnte.

Auch Babettes Nachbar Waldemar, der als Ein-Mann-Bürgerwehr gerade Patrouille geht, sieht Babette auf der Straße und ist ziemlich verstört, sie in dieser Aufmachung zu sehen. Babette erklärt ihm jedoch quietschvergnügt, dass sie für die rechte Sache kämpfe, während ein junger Mann im Batman-Kostüm Babette in den Kürbis kotzt.

Aber das alles tut nichts zur Sache. Babette weiß, dass sie heute Nacht ruhig schlafen können wird, da sie nun dessen gewiss ist, mit ihrem Auftritt soeben zweifelsohne das Abendland gerettet zu haben.

Logbucheintrag 7: Bundesverdienstkreuz

An einem kalten Wintertag stiefelt Babette mit einem Handwagen um vier Uhr morgens völlig übermüdet durch den Stadtpark, und ist hochgradig wütend. In der Nacht hat es etwas Neuschnee gegeben und so hat Babette alle Mühe, ihren Handwagen durch den Schnee zu ziehen, um ihren ausgetüftelten Plan in die Tat umzusetzen.

Babette hat neulich Pfandflaschensammler im Park umhereilen sehen, die die Mülleimer durchsuchen, und diese Beschäftigung empfand Babette als ungemein würdelos. Daher hat sie beschlossen, immer morgens vor Sonnenaufgang mit einer Taschenlampe die Mülleimer selbst nach Pfandflaschen zu durchforsten, damit die Sammler keinen Erfolg mehr haben und den Stadtpark nicht mehr mit ihrem Anblick verhunnepiepeln. Überdies hat Babette die Hoffnung, dass die Bettler, wenn sie ihnen das lukrative Pfandflaschengeschäft vermiest, sich endlich wieder einen vernünftigen Broterwerb suchen.

Babette stapft also wie auch an den vergangenen Morgen durch den Schnee. Leicht vibriert ihr Brustkorb von einem dumpfen Beat, dessen Herkunft sich ihr nicht erschließt.

Das heutige Los, das die unausgeschlafene Babette gezogen hat, trifft sie besonders hart, denn ihr Handwagen ist ungemein schwer. Aus gutem Grund: Am Vortag musste sie nachmittags im Park Zeuge werden,

wie Jugendliche auf dem Teich Schlittschuh liefen, obwohl dies verboten ist. Babette rief den Heranwachsenden zu: „He, das dürft ihr nicht!", doch die Halbstarken schrien nur zurück: „Halt's Maul, Alte, du hast uns gar nichts zu sagen!" Das machte Babette unglaublich wütend.

Der Beat wird immer lauter. Irgendetwas nähert sich ihr.

Wegen dieser frechen Plagen ist Babette genötigt, mitten in der Nacht einen Sack Pflastersteine auf ihrem Handwagen hinter sich herzuziehen. Nach der Mülleimerinspektion hat sie sich vorgenommen, vom Ufer des Teiches die Pflastersteine auf das Eis zu werfen, um es brüchig zu machen. Dann würde sie heute Nachmittag gegen vierzehn Uhr rauchend auf einer Parkbank sitzen, um die verzogenen Gören zu beobachten. Wenn das Eis unter ihnen zerbricht und sie ins kalte Nass schlittern, würde Babette sich erheben und laut zu den Rotznasen plärren: „Ich hab's euch ja gesagt!"

Vorbereitung ist halt alles.

All diese Aktionen sind natürlich ungemein aufwändig und kosten Zeit und Energie. Babette hätte nie gedacht, dass ihr Rentnerdasein so aufregend und durchgetaktet sein würde. Sie hat für nichts und niemanden Zeit und muss nun sogar völlig übernächtigt ihren Geschäften nachgehen.

Babettes Brustkorb erbebt immer stärker unter dem Beat. Aus der Ferne hört sie eine Männerstimme, die in Fremdländisch singt: „No hay nadie como tú."

Babette leuchtet mit ihrer Taschenlampe in den nächsten Mülleimer und bemerkt, wie einige Meter entfernt eine Kaninchenfamilie sie auslacht. „Solltet ihr nicht Winterschlaf halten?", fährt sie das kleine Rudel an. Dann dreht sie sich um und sieht den Mitarbeiter des Winterdienstes. Dieser tanzt zusammen mit ein paar Echsenmenschen, die Zylinder und Monokel tragen, zum harten Beat eines Reggaeton-Liedes Ballett. Dabei lassen sie den Schotter des Streuguts wie Konfetti auf sich regnen.

„No hay nadie como tú mi amor, no hay nadie como tú", tönt es plötzlich von überall.

Babette hat schon immer geahnt, dass es Echsenmenschen geben muss, schließlich steckt in dem Wort *existieren* ja auch irgendwie das Wort *Echse*. So oder so ähnlich.

Die Kaninchen kriegen sich nicht mehr ein vor Lachen.

Gegen sieben Uhr hat Babette wie geplant alle Mülleimer durchforstet und im Anschluss für das Spektakel am Nachmittag ihre Pflastersteine auf das Eis des Teiches geschmissen. Nun verfrachtet sie das Leergut in ihr Auto. Langsam beginnt es immer stärker zu schneien. Babette beschließt, doch noch einmal kurz am Bahnhof vorbeizufahren und dort ihre Leergut-Säuberungsaktion fortzusetzen. Sie hat jüngst im

Fernsehen gesehen, dass es neben Pfandflaschen sammelnden Obdachlosen auch eine Leergut-Mafia gibt. Indem Babette vor dem Hauptbetrieb alle Pfandflaschen einsammelt, wird sie im Alleingang dem internationalen organisierten Verbrechen ein Schnippchen schlagen. Babette stellt sich vor, wie sie dafür das Bundesverdienstkreuz überreicht bekommt. Dafür nimmt sie den Schlafmangel und den Spott, den sie für ihr Vorhaben bereits geerntet hat, liebend gern in Kauf!

Noch am Vorabend ihres Parkbesuchs erzählte Babette ihrem Sohn Walter und seiner Frau Maude von ihrem Plan, auf diese Weise die organisierte Kriminalität zu bekämpfen.

„Ich tue etwas Gutes für die Gemeinschaft!", erklärte sie beiden mit strahlenden Augen.

Doch Maude zeigte wenig Begeisterung für Babettes Ansinnen: „Nein, das ist nicht gut für die Gemeinschaft. Das ist einfach wieder einmal so eine fixe Idee von dir wie vor gut zwei Wochen, als du nach Weihnachten den hiesigen Karpfenteich unter Strom gesetzt hast, um den Fischern bei der Schlachtung aller bestellten Silvesterkarpfen zu helfen. Du wolltest bei der Abholung des frischen Fisches nicht so lange warten wie das Jahr davor und meintest: ‚Wenn die die Fische nicht erst schlachten müssen, geht's schneller.‘ Und dafür hast du dir eine Anzeige eingehandelt. Erinnerst du dich?"

Auf Maudes Bedenken kann Babette allerdings verzichten. Sie kramt eine große IKEA-Plastiktüte hervor

und betritt die Bahnhofshalle. Keine fünf Minuten nachdem Babette angefangen hat, die Mülleimer des Bahnhofes zu durchstöbern, treten zwei Männer vom Wachdienst des Bahnunternehmens an sie heran und sprechen ihr ein Hausverbot aus. Die Fahrgäste würden sich von Babettes Anblick gestört fühlen und wenn sie noch einmal im Müll wühle, bekomme sie eine Anzeige wegen Hausfriedensbruchs. Zudem habe über Nacht die Reinigung alle Mülleimer geleert und es gebe eh nichts zu holen.

Babette wird wütend: „Ich mache das doch nur, damit keine Penner und Verbrecher das Pfand klauen!"

„Aber Sie machen doch nichts anderes!", stellt einer der Sicherheitsmänner verwundert fest.

„Na, bei mir ist das doch etwas vollkommen anderes!" Babette schlägt mit der Faust gegen den Mülleimer.

Uneinsichtig, wie Sicherheitsleute sind, begleiten die Männer Babette aus dem Bahnhof. Wütend fährt sie zum Supermarkt, um ihr Leergut zu Geld zu machen. Dort angekommen, wuchtet sie im wilden Schneetreiben den Handwagen aus ihrem SUV und legt darauf ihr gesamtes Leergut in Tüten verpackt ab. Dabei sieht sie ein paar Jugendliche, wie sie unter dem Vordach des Supermarktes aus einer Großpackung illegale Silvesterböller anzünden, die mit einer immensen Sprengkraft schrecklich laut explodieren. Über den Parkplatz faucht Babette: „Silvester ist längst vorbei, ihr Distelkinder!"

Als sie mit ihrem Handwagen in den Supermarkt einfahren will, schmeißt einer der Jugendlichen einen Böller unter den Wagen. Es knallt gewaltig und Babette verliert vor Schreck fast das Gleichgewicht. Unter dem Druck der Explosion wird der Wagen für einen Augenblick in die Luft gehoben. Zum Glück geht er nicht kaputt.

„Was seid ihr denn für widerliches Gesindel? Müsstet ihr nicht in der Schule sein, ihr Strolche? Es ist neun Uhr morgens", wütet Babette.

Doch die Jugendlichen lachen nur.

Denen wird das Lachen noch vergehen, denkt sich Babette. Sie hofft, dass die Tagediebe nachher Schlittschuh laufen werden.

Der Leergutautomat findet sich kurz nach dem Eingang des Supermarktes. Zu allem Überfluss steht eine Traube von Bettlern davor, die wie Babette ihr gesammeltes Leergut abgeben wollen. Sie muss fast eine halbe Stunde warten, bis sie dran ist. Eine Zumutung für Babette, die fest davon ausgegangen ist, dass sie seit ein paar Tagen die einzige Person in der Stadt ist, die Pfandflaschen sammelt. Sollte sie irgendwelche Mülleimer übersehen haben?

Als Babette endlich an der Reihe ist, steckt sie sogleich die ersten Flaschen in den Automaten. Bei der dritten Flasche erscheint auf dem Display der Hinweis, dass der Automat die Flasche nicht erkennt.

„Was ist denn jetzt schon wieder Mode?", fragt Babette laut. Sie hämmert auf den Knopf neben dem Au-

tomaten, um Hilfe zu holen. Durch den Supermarkt hallt eine Männerstimme: „Bitte ein Mitarbeiter an den Leergutautomaten!"

Doch es kommt niemand.

Babette drückt wieder und wieder auf den Knopf und schreit wütend: „Was soll denn dieser lächerliche Unfug? Geh jetzt endlich, du Scheißding!"

„Bitte ein Mitarbeiter an den Leergutautomaten!"

Babette beschließt, sich von ihrem Vorhaben, die Pfandflaschen abzugeben, nicht abbringen zu lassen, und so stopft sie eine nach der anderen in den Leergutautomaten. Doch dessen Förderband legt den Rückwärtsgang ein und alle eingeschobenen Flaschen kommen wieder zurück und fallen aus der Öffnung. Auf dem Display des Automaten erscheint nun die Mitteilung „Annahme gesperrt!". Wie besessen drückt Babette immer wieder auf den Knopf neben dem Automaten.

„Bitte ein Mitarbeiter an den Leergutautomaten!" „Bitte ein Mitarbeiter an den Leergutautomaten!" „Bitte ein Mitarbeiter an den Leergutautomaten!"

„Lumpenpack, komm endlich her!", krakeelt Babette. Übermüdet, wie sie ist, hat sie keine Nerven mehr für irgendetwas.

Sie lässt alles stehen und liegen, eilt nach draußen, nimmt den Jugendlichen ihre Großpackung Böller weg, rennt zurück in den Supermarkt, zündet ein paar von den Böllern gleich in der Packung an und

schmeißt im Anschluss die gesamte Box in den Leergutautomaten.

„Bitte ein Mitarbeiter an den Leergutautom...“

Als Babette am späten Abend von der Polizeiwache
nach Hause kommt, ist sie vollkommen fertig. Traurig
ist sie, da sie es durch den Zwischenfall nicht geschafft
hat, nachmittags die Jugendlichen beim Schlittschuh-
laufen zu beobachten. Die Nacht wird sicherlich eiskalt
und der Teich wieder vollständig überfrieren. Doch
Erschöpfung macht auch gelassen und Babette verge-
genwärtigt sich ihr großes Ziel. Routiniert sagt sie laut
vor sich hin: „Na ja, morgen ist ja auch noch ein Tag.“
Dann geht sie runter in den Keller und fördert ein paar
neue Pflastersteine zu Tage.

Logbucheintrag 8: Korruption

Babette besucht gerade Maude, die in ihrem Home-office immens gestresst vor sich hin werkelt, und ist in jeder Hinsicht wütend. Schließlich kommentiert sie die Lage:

„So weit ist es doch nur gekommen, weil du einfach ein faules Distelkind bist und gemütlich von zu Hause aus arbeiten wolltest. Dir ging es doch nur darum, mehr Freizeit zu haben, und jetzt hast du festgestellt, dass du dich nicht organisieren kannst! Ich wusste schon immer, dass du gerne ausschläfst und am liebsten nur das Notwendigste machst. Das sehe ich ja immer wieder, wenn ich dich besuche. In deinem Vorgarten ist ein Kübel mit Blumen ganz verwelkt und du hast sie bis jetzt nicht abgeschnitten. Dir scheint Ordnung einfach nicht wichtig zu sein."

Maude holt tief Luft und überlegt, wie sie auf diese Frechheit reagieren soll. Heute wird sie es noch einmal mit Verständnis versuchen.

„Das Homeoffice ließ sich nicht vermeiden. Es ging ja nicht nur um meine Gesundheit, sondern auch um das Wohlergehen deines Enkels!"

Doch Babette lässt sich so einfach nicht überzeugen. Sie beäugt Maude noch einmal kritisch, dann sagt sie dazu: „Na, ob das so stimmt?"

Maude arbeitet als Lehrerin an einer Gesamtschule, in der Nik die fünfte Klasse besucht. Maude selbst unterrichtet Ethik im beruflichen Gymnasium. Nik

sieht seine Mutter also nicht im Klassenzimmer. Jedoch ist der Weg zum riesigen Schulgebäudekomplex, der in den 70er Jahren brutalistisch erbaut wurde, derselbe und daher kann Maude ihren Sohn immer mit dem Auto zur Schule bringen.

Dies ist allerdings seit zwei Wochen passé, da Maude und Nik zu Hause sind. Beide wurden ins Homeoffice verbannt. Das gesamte Schulgebäude muss saniert werden und solange die Bauarbeiten andauern, dürfen weder Lehrer noch Schüler die Schule betreten.

Maude hatte schon immer die Luft im Schulgebäude als sehr staubig empfunden. Als in den Sommerferien des vergangenen Jahres die Schindeln des Daches mit Hochdruckstrahlen gereinigt wurden und dabei alle Fenster geöffnet waren, stellte Maude verdächtig viele Staubablagerungen in der gesamten Schule fest: auf Tischen und Stühlen, auf der Ablage an der Schultafel, auf den Tastaturen der Schulcomputer – einfach überall. Deswegen machte sich Maude große Sorgen. Beinahe beiläufig erfuhr sie vom Hausmeister der Schule, dass die Staubablagerungen vielleicht vom Dach kämen, das in den 70er Jahren mit Asbestzement gebaut wurde. Die Reinigung habe unter Umständen Teile des Zements freigesetzt, der nun im ganzen Schulgebäude sein Unwesen treibe.

Wie von der Tarantel gestochen, informierte Maude die Arbeitsschutzbehörde und machte im Bauamt Dampf. Doch die Angestellten meinten, sie seien nicht für Folgen von Reinigungsarbeiten zuständig. Maude

konnte jedoch ihr Bauchgefühl nicht ignorieren, das ihr deutlich sagte, dass irgendetwas nicht in Ordnung sei. Nachdem sie ein halbes Jahr lang immer wieder aufs Neue den Behörden erklärt hatte, dass sie an keinem Putzzwang leide, kam schließlich ein Gutachter vorbei. Dessen Raumluftmessung hatte ein fatales Ergebnis: In allen Räumen der Schule konnte eine erhöhte Konzentration von Asbestfasern festgestellt werden. Ehe sich jemand versah, wurde Mitte März die Schule geschlossen und alle waren von heute auf morgen im Homeoffice, da die Stadtverwaltung keine Antragsformulare für die Nutzung anderer öffentlicher Gebäude als Schulgebäude vorrätig hatte.

Jetzt muss Maude über Fernunterricht den Schulbetrieb am Laufen halten, während Nik selbstständig Aufgaben seiner Lehrer lösen soll. Maude steht kurz vor einem Nervenzusammenbruch. Um ihre Augen hat sich bereits die Haut schattig verfärbt, da sie von früh bis spät Aufgabenpakete erstellt, Arbeiten korrigiert und zudem Nik dazu animieren muss, sein Pensum zu erfüllen. Da Niks Mathe-, Deutsch-, Biologie-, Geografie-, Geschichts-, Englisch- und Kunsterziehungslehrer allesamt Alkoholiker sind und sich bei ihnen Überforderung breitmacht, die gelösten Aufgaben ihrer Schüler zu korrigieren, ist Maude kurzerhand zur Privatlehrerin von Nik mutiert. Sie kümmert sich darum, dass er jeden Morgen pünktlich aufsteht, etwas isst, duscht und sich dann an die Schulaufgaben setzt. Walter ist den ganzen Tag in seinem Heimelek-

tronikgeschäft und kann Maude nur am späten Abend unterstützen. Sie ist absolut fertig. So hatte sie sich die Aufgabenverteilung in der Ehe nicht vorgestellt.

Babette, als kritischste aller messerscharfen Denkerinnen des 21. Jahrhunderts, hat die ganze Situation natürlich sofort durchschaut. Sie ärgert sich ungemein über Maude, die einfach viel zu leichtgläubig und übervorsichtig ist. Das war sie schon immer. Mit dieser Aktion aber, die die Schließung der Schule zur Folge hatte, hat sie sich selbst übertroffen.

„Weißt du, meine liebe Maude", erklärt Babette, „in der Schule ist einfach nur Luft. Die ganzen Fasern, von denen du sprichst und die angeblich existieren, sind unsichtbar und dass es bei vielen Schülern zu viel Dreck kommt, ist doch nicht verwunderlich. Eigentlich müsste in der Schule noch viel mehr Schmutz sein bei dem ständigen Begängnis. Das ist alles kein Grund, die ganze Schule zu schließen. Du machst dir einen Kopf um eine Sache, die niemand wirklich gesehen hat. Ich sage dir: Der Gutachter vom Bauamt hat in seinen Untersuchungen geschwindelt."

„Warum sollte er so etwas tun?", fragt Maude entgeistert.

„Ganz einfach: Irgendjemand profitiert von der ganzen Sache! Ich weiß nur noch nicht, wer es ist. Aber das werde ich herausfinden und dann sage ich dir, dass dir jemand ein ganz faules Ei ins Nest gelegt hat!"

Und so kommt es, dass sich in diesem feierlichen Moment Babette in eine Detektivin verwandelt.

Als unsere Protagonistin wieder zu Hause ist, nimmt sie sogleich ihre Arbeit als neugeborene Sherline Holmes auf und begibt sich auf Spurensuche. Sie greift zum Telefonhörer und ruft Amthor von Donnersklöppel an, den Ortsvorsitzenden der Neuesten Preußen, und beschreibt ihm die Lage. Keine zwei Minuten später meint Amthor von Donnersklöppel, dass Sherline Holmes tatsächlich einer wichtigen Sache auf der Spur sei, und bittet sie in sein Büro.

In den von Donnersklöppel'chen Räumlichkeiten sitzend, betont Sherline Holmes noch einmal: „Also, angeblich ist die Luft in der Schule verpestet und alle renovieren wie verrückt, aber ich glaube, das stimmt so nicht. Ich kann mir das gar nicht vorstellen, dass ein bisschen unsichtbarer Asbest schaden kann – falls der überhaupt in der Luft ist. Ich habe da so meine Zweifel."

„Solche besorgniserregenden Berichte sind mir nichts Neues", sagt daraufhin Amthor von Donnersklöppel, der Sherline Holmes einen Kaffee einschenkt und sie bittet, sich als freie Bürgerin in einem freien Land eine Zigarette in seinem Büro anzuzünden. „Es gibt unglaublich viele Verschwörungen, die alle den Leuten weismachen wollen, dass es irgendwo schädliche Substanzen gibt, die giftig sind. Der Witz ist nur,

dass es immer um Substanzen geht, die niemand sehen kann."

„Ich verstehe", sagt Sherline Holmes. „Und was ist mit den Chemikalien, die aus Flugzeugen versprüht werden?"

„Na, das ist wahr!"

„Habe ich's mir doch gedacht!"

„Bei dem Asbest geht es um etwas ganz anderes", stellt Amthor von Donnersklöppel klar. „Glauben Sie mir, ich weiß, wovon ich rede. Neben meiner Tätigkeit als Versicherungsmakler konnte ich privat ein paar Immobilien erwerben und daher ist mir bekannt, dass es hier unglaublich viele Regelungen und Auflagen gibt. Gierige Baufirmen wollen doch nur Gebäude sanieren. Daher erzählen uns die Politiker immer wieder neue Märchen. Die Politiker sind allesamt nichts weiter als Marionetten der Firmen, die das schnelle Geld machen wollen."

Sherline Holmes hätte nie gedacht, dass ihre geistreiche Detektivarbeit derart schnell solch außerordentliche Früchte tragen würde. Es ist schon erstaunlich, wie sie mit der richtigen Einstellung in kürzester Zeit eine Lösung des Rätsels gefunden hat.

„Dagegen müssen wir sofort etwas unternehmen!", ruft sie ganz aufgeregt.

„Ich fürchte, da sind mir die Hände gebunden. Die Eliten unterdrücken uns und solange wir nicht frei agieren dürfen, können wir nichts machen."

„Was halten Sie davon, wenn wir den Asbest einfach an Menschen testen und damit beweisen, dass alle Informationen falsch sind?", schlägt Sherline Holmes vor.

„Das klingt wirklich vernünftig, aber die hiesige Obrigkeit wird solchen Tests nicht zustimmen!", gibt Amthor von Donnersklöppel zu bedenken. „Sollte, was ich mir beim besten Willen nicht vorstellen kann, Asbest wirklich gesundheitsgefährdend sein, würde dies heißen, wir spielten mit dem Leben unschuldiger Menschen. Alle Annahmen, dass Asbest gefährlich ist, sind natürlich aus der Luft gegriffen, aber Sie wissen ja, wie die Medien – oder wie ich sie nenne: die Wortverdreher – so sind."

„Natürlich weiß ich das", versichert ihm Sherline Holmes im Flüsterton. Sie ist sich nicht sicher, ob sie nicht belauscht werden. Dann fragt sie: „Und was halten Sie davon, wenn wir den Asbest einfach an den Borasisis testen?"

„Auch das können wir nicht machen", meint Amthor von Donnersklöppel, „denn ich sehe hier zwei Probleme: Zum einen sähe dies vielleicht so aus, als ob Asbest tatsächlich gefährlich wäre, wenn wir ihn nur an den Borasisis und keinen rechtschaffenen Bürgern testen würden, und zum anderen bringt es letztlich nichts, sich damit weiter zu beschäftigen. Die Leute interessieren sich gar nicht dafür, wie sehr sie zum Narren gehalten werden. Am Ende geht es nicht darum, was richtig und was falsch ist. Es geht darum, was

relevant ist. Und relevant ist derzeit, das Beste für sich selbst herauszuholen und sein Leben zu schützen."

Sherline Holmes verlässt das Büro Amthor von Donnersklöppels mit dem Schutzschild einer frisch unterzeichneten Lebensversicherung. In der Eile der Vertragsunterzeichnung hat sie das Kleingedruckte nicht gelesen, in dem stand, dass binnen vierundzwanzig Stunden nach ihrem Ableben die Erben sich bei der Versicherung melden müssen, um eine Auszahlung der Leistungen zu erwirken, sonst verfalle das gesamte Guthaben. Überdies versprach Sherline Holmes Amthor von Donnersklöppel, niemandem in ihrer Verwandtschaft etwas von der Versicherung zu erzählen, damit es keine Neider gibt.

Wieder zu Hause angekommen, ist unsere Protagonistin sichtlich deprimiert. Was für eine Niederlage es doch ist, die Wahrheit herausgefunden zu haben, von der aber alle in ihrer Verblendung nichts hören wollen! Der Zauber ihrer Detektivarbeit ist erloschen. Doch sie wird nicht aufgeben!

„Es hilft alles nichts", sagt sich Babette. „Dann werde ich eben allein gegen alle Ungerechtigkeiten kämpfen!"

Energisch läuft sie in ihrer Wohnung auf und ab. Sie hat keine Ahnung, wie sie dieses neue Rätsel lösen soll. Wie kann sie am besten Menschen von ihrer Realitätsverleugnung heilen?

Wie immer, wenn Babette aufgebracht ist, beschließt sie, ihren Keller aufzuräumen. Das ist die Tätigkeit, bei der sie den Kopf frei bekommt. Babettes Keller gleicht einer Mülldeponie und es würde Tage dauern, bis er einmal von dem ganzen Durcheinander befreit sein würde. Bis jetzt ist sie stets nur zu wenigen Handgriffen gekommen, da sie immer so viel anderes zu tun hat. Babette weiß aber, dass sie es dieses Mal schaffen muss, sonst würde auch sie eines Tages ihre Blumen im Vorgarten verkümmern lassen wie Maude.

Doch auch heute kommt Babette mit ihrer Aufräumaktion nicht weit, denn wie von Geisterhand geführt entdeckt sie nach wenigen Minuten des Aufräumens in den Trümmern eine Fünf-Kilo-Packung Fliesenkleber aus den 70er Jahren. Sie hat gar nicht mehr gewusst, dass sie so etwas besitzt. Auf der Packung steht geschrieben, dass der Mörtel Asbest enthält.

„Das ist der Beweis!", entfährt es Babette voller Freude. „In dem Fliesenkleber meines Bades ist Asbest und mir hat er auch nicht geschadet! Ich selbst bin die Auserwählte, der lebendige Beweis für die Unschädlichkeit von Asbest! Viel mehr noch! Der Asbest hat mich gegen Schadstoffe vielleicht sogar abgehärtet. Das ist doch alles wie mit dem Impf-Irrsinn! Jeder muss das Recht haben, alle Krankheiten durchzustehen. Das macht stark. Ich kann der Welt jetzt beweisen, dass alle komplett falsch liegen!"

Babette wuchtet sogleich sich selbst und den Klebemörtel in die Küche und verteilt ihn auf kleine,

handliche Plastiktütchen. Dann macht sie sich auf zu ihrem Enkel Nik. Sie hat Großes vor.

Maude ist dankbar, dass Babette mit ihrem Sohn eine Runde *Mensch ärgere dich nicht* spielen möchte. So kann sie in Ruhe ein paar Schularbeiten korrigieren. Als Maude aus dem Wohnzimmer gegangen ist, schaut Babette ihren Enkel prüfend an und fragt ihn:

„Sag mal, Nik, du möchtest doch wieder in die Schule und dort deine Freunde wiedersehen?"

Nik nickt.

„Schau einmal her, ich habe da etwas Feines für dich!", sagt Babette und zieht ein Tütchen mit Klebemörtel aus ihrer Tasche. Nik schaut seine Oma fragend an.

„Pass auf, Nik!", leitet Babette ihren Enkel an. „Du nimmst etwas Pulver auf deine Hand und schnupfst es dir in die Nase! Zieh es einfach hoch! Mit aller Kraft! Mach es so wie in den Filmen, die deine Mutti hin und wieder sieht. Du weißt schon, die Filme, in denen alle wie bekloppt koksen."

„Aber, Oma, warum soll ich das machen?"

„Na, da ist Asbest drin. Das ist das gleiche Zeug wie das in deiner Schule, weswegen du die vielen Aufgaben zu Hause erledigen musst. Nik, horche einmal her! Du schnupfst ein bisschen Asbest und sollte da wirklich etwas Gefährliches drin sein, bist du abgehärtet und der Asbest kann dir nichts mehr anhaben."

Auf einmal steht Maude in der Tür des Wohnzimmers. Adern treten aus dem Weiß ihrer Augen hervor.

„Habe ich eben Asbest gehört?", schreit sie in Rage.
„Leg sofort das Zeug da weg! Nik, komm her! Sag mal,
Babette, bist du denn vollkommen bescheuert?"

Babette kann es nicht fassen, dass Maude ihr in
ihrer übertriebenen Vorsicht wieder einmal dazwi-
schenfunkt und verhindert, dass sich Babette ordentlich um ihren Enkel kümmern kann.

„Jetzt lass mich doch einmal das gute Kind durch-
immunisieren!", keift Babette.

Doch Maudes Nerven liegen völlig blank und sie
schmeißt Babette einfach aus der Wohnung. Als die
Tür ins Schloss fällt, schreit Babette: „Ich habe es doch
nur gut gemeint!"

Babette steht vor der verschlossenen Haustür. Sie
weigert sich abzuzischen. Im Kreis läuft sie um den
Kübel mit den vertrockneten Blumen und flucht un-
unterbrochen. Dann gewinnt sie allmählich ihre Fas-
sung zurück.

Schließlich klingelt Babette noch einmal so lange
Sturm, bis Maude die Tür öffnet.

„Was?", schreit Maude sie an.

Babette grinst und trällert: „In mein Nest kommt
nur Asbest!" Dann lacht sie hämisch, hüpft behände in
ihren SUV und fährt kichernd von dannen, ehe Maude
noch irgendetwas auf diesen Spruch erwidern kann.

Auf dem Weg nach Hause kommt Babette an der
Schule vorbei, aus der Bauarbeiter mit Schutzanzügen
und Masken heraustreten. Babette lässt ihre Scheibe
herunter und schreit zu den Bauarbeitern: „Ihr Idioten

lasst euch Maulkörbe anlegen! Wenn ihr die letzten Jahre ordentlich gearbeitet hättet, dann müsste euch der ganze Dreck doch gar nichts mehr anhaben können. Ihr seid doch alle absolut verweichlicht und viel zu leicht zu manipulieren!"

Zu Hause angekommen schreibt Babette in der Gewissheit, dass von ihren Erkenntnissen ganze Generationen profitieren werden, einen Brief an die Schulleitung. Sie bittet diese, ihre Adresse an alle Kinder der Schule weiterzugeben und sie zu ihr zu schicken. Sie habe ein Asbest-Durchimmunisierungs-Programm entwickelt und sowie die Kinder abgehärtet seien, könne dank ihrer ausgeklügelten Maßnahme der Unterricht endlich wieder wie geplant stattfinden.

Tage vergehen. Doch die Schulleitung meldet sich nicht bei Babette und es kommen auch keine fremden Kinder in ihr Haus.

„Da hat sicherlich Maude wieder einmal ihre Finger im Spiel", murmelt Babette zornig, „aber man kann heute gar nicht früh genug anfangen, an die nachfolgende Generation zu denken und diese zu schützen!"

Und so steigt Babette mit ihren Klebemörtel-Tütchen ins Auto und fährt zu den Kindergärten der Stadt, um die Erzieher vom Nutzen ihres Asbest-Durchimmunisierungs-Programms zu überzeugen. Doch auch dort findet sie kein Gehör – selbst als Babette den Erziehern eindringlich die Unbedenklichkeit ihres Vorhabens versichert. Immer wieder sagt sie:

„Machen Sie sich keine Sorgen! Es kann gar nichts passieren. Ich habe eine Lebensversicherung!"

So vergehen das Frühjahr und der Sommer. Maude hat sich nach Monaten wieder beruhigt und gegen Ende der Sommerferien lässt sie Babette sogar wieder in ihre Wohnung. Das Schulgebäude ist fertig renoviert und in einer Woche dürfen Maude und Nik zurück in die Schule. Die Asbest-Krise ist überstanden. Doch Babette fragt sich, welche neue Krise wohl derzeit auf der Tagesordnung steht. Es ist in den letzten Wochen so ruhig gewesen. Vielleicht sind es die Borasisis, die wieder etwas Komisches vorhaben? Babette wischt sich den Schweiß von der Stirn. Der Sommer in diesem Jahr ist bis dato unglaublich heiß gewesen und in den letzten zwei Monaten hat es kaum geregnet.

Maude und Babette haben beide genug von den Aufregungen. Dessen ungeachtet gibt es zwischen ihnen noch immer keine nachhaltige Waffenruhe. Das empfindliche Pflänzchen des Friedens bezieht seinen Dünger allein aus der emotionalen Erschöpfung der beiden.

Zusammen trinken sie einen Kaffee. Babette sitzt am Küchentisch, während Maude im Stehen ihren Kaffee schlürft. Dann sagt Maude doch: „Ich hoffe, du hast deine Lektion gelernt."

„Nein. Ich hoffe, du hast etwas lernen können, mein liebes Distelkind", sagt Babette milde. Sie hat Mitleid mit Maude, die so leicht zu manipulieren ist.

„Der ganze Schwindel mit dem Asbest ließ sich doch ganz leicht entlarven. Ich meine, kein Mensch von der Arbeitsschutzbehörde oder vom Bauamt hätte so lange nichts getan, wenn der Asbestzement auf dem Dach der Schule wirklich gefährlich gewesen wäre. Ich meine, wenn es etwas geben würde, das unsichtbar ist und das Menschen wirklich bedroht, glaubst du nicht auch, dass wir Menschen alle flink und vernünftig handeln würden? Aber du, meine liebe Maude, hast in den vergangenen Wochen und Monaten unglaublich viele Menschen verrückt gemacht. Und wofür? Damit geldgierige Baufirmen mit unseren Steuergeldern die Schule renovieren konnten. Ist es nicht schade, dass du damit die Korruption im eigenen Lande unterstützt hast?"

Für einen Moment ist Ruhe. Als Maude zu Babettes Frage Stellung beziehen will, sagt Babette: „Du brauchst nichts darauf zu antworten, meine liebe Maude. Ich weiß, dass ich Recht habe."

Logbucheintrag 9: Fleisch

Mit steifen Fingern nimmt Babette einen Kuchen und ein Brot von Maudes Lieblings-Bistro-Bäcker über den Tresen entgegen und ist vollends wütend. Maude und Walter veranstalten heute einen Grillabend in ihrem Schrebergarten am Waldrand. Dafür haben sie Babette beauftragt, ein Dinkelvollkornbrot bei Maudes Bäcker des Vertrauens zu kaufen und den bestellten französischen Zuckerkuchen abzuholen. Da Babette nicht wusste, ob Maude und Walter eine Brotschneidemaschine in ihrer Gartenlaube haben, hat sie das Brot gerade beim Bäcker schneiden lassen. Das hat einen Aufpreis von zehn Cent gekostet, den Babette nur ungern bezahlte. Am liebsten wäre sie über den Tresen geklettert, hätte in den Geschirrspüler des Bistros einen Haufen gesetzt und im Anschluss gekeift: „Schau'n Sie mal schön her, so ham Sie wenigstens 'ne Toilettenspülung gespart, wenn Sie schon Geld fürs Brotschneiden verlangen müssen! Das müsste Ihnen doch gefallen, wenn Sie auf jeden Cent achten wollen – glauben Sie mir, das tu ich auch!"

Doch Babette, die Brot und Kuchen eh lieber beim Discounter kauft, ließ die Schmach über sich ergehen.

Auf dem Weg in den Kleingarten schmerzen Babette immer wieder die Hände, was es ihr erschwert, den großen SUV zu lenken, sodass sie einmal eine Kurve verfehlt und in das Gleisbett der Straßenbahn rollt. Ohne mit der Wimper zu zucken, tritt Babette

aufs Gaspedal und fährt einfach weiter. Entsetzt schauen Passanten vom Bürgersteig aus zu. Babette schreit aus ihrem offenen Fenster: „Ich darf hier langfahren, ich habe einen Geländewagen, ihr blöden Umweltfuzzis!"

Am Garten angekommen, überprüft Babette im Rückspiegel noch einmal ihre Frisur. Obwohl schon heute Morgen ihre Gelenke steif und schmerzbefallen waren, hat sie sich die Haare dunkelrot gefärbt und sie anschließend auftoupiert. Sie gewann damit dreißig Zentimeter Körpergröße hinzu. Babette freut sich, denn mit ihrer neuen Frisur kommt auch ihr gelbes Sommerkleid viel besser zur Geltung. Als sie das Tor zum Schrebergarten öffnet, stolpert Maude gerade aus der Laube. Babette schaut verächtlich auf ihre Schwiegertochter und fragt sie zur Begrüßung: „Na, mein liebes Distelkind, wo gab's denn heut schon Alkohol?"

Maude, die wie ihre beiden Männer einfach nur eine Jeans und ein T-Shirt trägt, zieht einen Zettel aus ihrer Gesäßtasche und macht sich eine Notiz.

Walter freut sich, seine Mutter zu sehen, und unterbricht seine Gartenarbeit. Er lässt Spaten und Eimer einfach stehen und umarmt Babette. Sein Vorhaben, die Brennnesseln vom Kompost zu beseitigen, vertagt er und beschließt, stattdessen den Grill anzuwerfen.

Nik zeigt seiner Oma nach der Begrüßung einen riesigen Haufen Fäkalien, die er von der Gartenwiese aufgelesen hat. Sie stammen wahrscheinlich von Waschbären, die seit geraumer Zeit in hellen Scharen

in den Wald einfallen und sich des Nachts in den Gärten tummeln.

„Na fein", sagt Babette zu Walter, „dein Junge schibbelt also fremdländische Scheiße durch die Kante! Mit dem Talent wird er sicher einmal ein fabelhafter Aktienhändler werden. Wir werden alle wahrlich Großes von ihm erwarten können!"

Maude nimmt das Dinkelvollkornbrot und den Zuckerkuchen von Babette in Empfang. Babette teilt ihr daraufhin mit, dass Maude nie wieder zu dem Bäcker gehen dürfe, da dieser für das Brotschneiden extra Geld verlange. Die Geldgier der Bäcker schmerze sie sogar noch mehr als ihre Gelenke. Maude ignoriert Babettes Einschätzung und sagt, sie müssten alle besonders auf den Kuchen aufpassen. Sie zeigt Babette einen riesigen Ameisenhaufen, der sich unweit der Gartentür am Waldrand befindet. Wenn der Kuchen nicht verpackt und verschanzt bleibe, sei die Laube im Nu von Ameisen befallen.

„Aber wir grillen doch heute", meint Babette, „da können wir doch den Haufen nachher mit der Grillkohle ausräuchern!"

„Nein, das machen wir nicht", entgegnet Maude, „wir sind hier im Wald. Da gehören Ameisen dazu!" Maude nimmt die Sachen und bringt sie in die Laube. Den Kuchen legt sie in eine verschließbare Box. Dann zieht sie wieder ihren Zettel hervor, auf dem sie erneut etwas niederschreibt.

Walter und Maude haben Babette mitgeteilt, dass sie einen gemütlichen Grillabend im Frühsommer haben wollen und sich wünschten, Babette dabeizuhaben. Der wahre Grund für das Zusammentreffen ist aber ein anderer. In wenigen Wochen feiert Maude ihren vierzigsten Geburtstag und es ist eine große Party geplant, zu der all ihre Freunde und Kollegen eingeladen sind. Babette wird es sich natürlich nicht nehmen lassen, mit von der Partie zu sein, um zu sehen, was sie alles anders gemacht hätte. Seit einigen Jahren nun hat Maude eine Liste der Themen erstellt, die man in Babettes Gegenwart auf gar keinen Fall ansprechen darf. Aufgrund vielfachen Wunsches von Maudes Freundinnen bringt Maude die Liste gerade noch einmal auf den aktuellen Stand. Derzeit stehen darauf die Begriffe *Politik und Religion, Schule und Schulpolitik, Kindergärten und Kinderfernsehen, Sexualität und Sexualmoral, Bürgerwehren und Waffen, Magnolien und Birken, Pocahontas, Zahnärzte, Freibäder, Witwenrente, Asbest* und *Chemtrails,* und natürlich darf der *Weltuntergang* nicht fehlen. Hinzu kam mit dem heutigen Tag das Wort *Bäcker* und der Hinweis, bloß nicht in Babettes Gegenwart zu stolpern, wenn man sich nicht der Trunksucht verdächtig machen will.

Maude zückt ihren Stift und setzt nun noch das Wort *Ameisen* auf die Liste.

Als die Kohle im Grill zu glimmen beginnt, kommt Maude mit dem Grillgut aus der Laube. Auf dem Teller liegen neben ein paar Steaks und Würstchen auch

Grillkäse und Tofu. Babette beäugt Käse und Tofu misstrauisch und meint: „Ich wusste gar nicht, dass es heutzutage weiße Grillbriketts gibt."

Zum Abendessen zeigt sich Babette entsetzt, als sie feststellen muss, dass die weißen Briketts tatsächlich zum Verzehr gedacht sind und dass ausgerechnet Nik sie mag. Im Gegensatz zu Babette, die zwei Würstchen und ein Steak verdrückt, isst ihr Enkelsohn an diesem Abend kein Fleisch. Maude zeigt sich für Babettes Geschmack wie immer viel zu liberal, als sie meint, dass der Junge selbst entscheiden könne, was er essen möchte. Wie eh und je hält sich Walter zu allem Unglück aus der Angelegenheit raus und sagt nichts.

„Also Fleisch muss das Kind essen", setzt Babette Maude und Walter in Kenntnis. „Nik ist doch dieses Jahr gerade zwölf geworden. Der Junge steckt im Wachstum. Mein lieber Scholli, wo soll er denn alle lebensnotwendigen Mineralien und Energie herbekommen? Ihr müsstet euch wirklich einmal durchsetzen! Aber das tut ihr nicht, denn so ist es halt bei euch Distelkindern!"

Maude meint daraufhin, dass Nik genug Fleisch esse. Dann ergänzt sie: „Und abgesehen davon schadet ein geringer Fleischkonsum nicht – besonders nicht, wenn man an Rheuma leidet und deswegen Schmerzen in den Gelenken und den Händen hat!" Maude schaut Babette provozierend an. Ihr Blick scheint zu sagen: „Da hast du es!"

„Na, herzlichen Dank für den lieben Hinweis. Es gibt bei einem gemütlichen Grillabend doch nichts Schöneres, als belehrt zu werden", faucht Babette, während Maude unter dem Tisch ihre Liste mit dem Wort *Fleischkonsum* ergänzt.

„Weißt du, meine liebe Maude", fährt Babette fort, „früher haben wir einfachen Leute Fleisch gegessen und wir waren sehr dankbar, wenn wir welches hatten. Und sollte ich Rheuma haben, kommt es bestimmt nicht davon. Und ich wüsste mir zu helfen. Da gibt es viel bessere Methoden, als auf Fleisch zu verzichten!"

„Und was machst du bitte schön, außer dich jeden Tag mit einer Salbe einzuschmieren?", möchte Maude wissen. „Und selbst die hast du nicht freiwillig ausprobiert. Walter musste dich beknien, damit du sie nutzt. Und du nimmst sie auch nur, weil wir sie dir gekauft haben. Geld hättest du dafür nicht ausgegeben. Es tut mir leid, aber ich sehe nicht, dass du wirklich gut auf dich Acht gibst."

„Ich mache jede Menge für mich", verteidigt sich Babette, „ich beruhige meine Gelenke mit Zigaretten. Da sind nur natürliche Pflanzen drin! Und wenn ich nicht gerade Fleisch esse, lebe ich auch als Vegetarier!"

„Sehe ich das richtig?", fragt Maude. „Du rauchst wie ein Schlot, kaufst nur billige Lebensmittel vom Discounter und schaufelst kiloweise Fleisch in dich hinein, weil ihr früher keines hattet – und das soll alles sein, was du für dich tust?"

„Ich habe noch ganz andere Sachen auf Lager!“,
plärrt Babette, steht auf und rennt wie ein Huhn um-
her, dessen Kopf gerade abgeschlagen wurde. Dann
greift sie einen der umherliegenden Eimer und nimmt
den Spaten. Sie prescht aus dem Gartentor zum Ameisenhaufen und schaufelt davon, so viel sie kann, in den
Eimer. Dann schüttet sie sich alles über den Kopf.

„Schau mal! Es weiß doch jedes Kind, dass Amei-
senbisse gegen Rheuma helfen. Das sind die guten, alt-
bewährten Methoden, wie einfache Leute dem Rheuma vorbeugen! Mir kann nichts und niemand etwas!“

Im Anschluss hastet Babette zum Komposthaufen,
reißt die Brennnesseln aus der Erde und beginnt sich
damit auszupeitschen.

„Das hilft alles gegen Rheuma. Ich kann jetzt so
viel Fleisch essen, wie ich will! Das schadet mir nicht.
Niemals!“

Maude zerreißt ihre Liste und beschließt, ihre Ge-
burtstagsparty abzusagen und mit Walter und Nik an
ihrem Geburtstagswochenende zu verreisen.

Nach zehn Minuten der Ameisen-Brennnessel-
Therapie putzt Babette die Reste des Ameisenhaufens
und der Nesseln von ihrer Haut und Kleidung. Längst
haben sich Pusteln gebildet. Überdies juckt es Babette
überall, denn viele Ameisen und Nesseln sind auch unter ihr gelbes Kleid gelangt. Sie lächelt tapfer und
betont, wie wohltuend die Rheumatherapie sei. Um
nichts in der Welt würde sie zugeben, dass sie es über-
trieben hat.

Kurz nach dem Abendessen verabschiedet sich Babette und sieht zu, dass sie nach Hause kommt. Sie kann es kaum erwarten, unter die Dusche zu hüpfen. Während der Fahrt stellt sie fest, dass es sie immer heftiger im Nacken krabbelt. Sie bemerkt, dass sich eine kleine Kolonie Ameisen langsam aus ihren auftoupierten Haaren heraustraut und auf Erkundungstour geht.

Da kommt Babette eine Idee. Sie wendet ihren Geländewagen und schießt zu Maudes Lieblings-Bistro-Bäcker. Dort angekommen, geht sie zum verschlossenen Eingang und schüttelt ihre Haare aus, bis ein kleiner Ameisenhaufen vor der Bäckerei liegt. Babette schaut auf die Ameisen. Dann spricht die Großmeisterin zu ihren Untertanen: „Meine Freunde, ihr wartet hier einfach, bis morgen früh die Tür aufgeht. Dann huscht ihr alle fein in den Laden. Dort erwartet euch ein Schlaraffenland! Das soll den elenden Bäckersleut eine Lehre sein, Geld fürs Brotschneiden zu verlangen!"

Logbucheintrag 10: Zugfahrt

Babette fährt mit Enkel Nik, Sohn Walter und seiner Frau Maude mit dem Zug in den Zoo und ist in Herz und Seele wütend. Da alle Züge im Staat neulich versehentlich mit einem Asbest-Raumspray gereinigt wurden, sind alle Passagiere angehalten, während der Fahrt eine Mund-Nasen-Bedeckung zu tragen.

Diese Vorschrift vermiest Babette den Tag, obwohl sie sich ungemein auf den Zoobesuch gefreut hat. Babette hat dafür extra ihren Lieblings-Zoo-Stecken mitgenommen, den sie am Vortag noch einmal auf Hochglanz poliert hatte und mit dem sie die Faultiere von den Bäumen stoßen möchte.

Um Babette zu animieren, eine Mund-Nasen-Bedeckung zu tragen, hat sich Maude etwas einfallen lassen und Masken mit witzigen Motiven selbst genäht: Auf ihrer pinken Maske sind Schlümpfe, auf Walters Maske befinden sich auf einem grauen Hintergrund viele Waschmaschinen, da er ja in einem Heimelektronikgeschäft arbeitet, und auf Niks beiger Maske sind lustige Eulen abgebildet. Um Babettes Geschmack zu treffen, hat sich Maude bei ihrem Mund-Nasen-Schutz für einen lila Stoff entschieden, auf dem viele kleine Kalaschnikows abgebildet sind.

Nichtsdestotrotz zeigt Babette kein Interesse an der Mund-Nasen-Bedeckung: „Nein, ich trage bestimmt keine Maske in einem öffentlichen Verkehrsmittel wegen Asbest oder sonst irgendetwas, das in der Luft sein

könnte. Das Thema hatten wir bereits, mein liebes Distelkind! Ich will einfach keinen Sauerstoffmangel erleiden. Das ist mir zu ungesund. Und jetzt sei still. Ich will meine Ruhe haben!"

In diesem Moment schreit eine Passagierin drei Plätze von Babette entfernt in ihr Telefon: „Tadeus, ich höre dich nicht mehr, ich bin gerade in einem Funkloch!"

„Na, das sind doch einmal gute Nachrichten!", keift Babette die Frau an und erntet einen bösen Blick.

Maude lässt nicht locker. Mit der Ausdauer eines Hundes, der an seinem Kochen festhält, versucht sie Babette zu überzeugen:

„Möchtest du Nik kein Vorbild sein?"

Doch Babette antwortet: „Nein."

„Aber es gibt doch auch Solidarität und einen sozialen Vertrag. Meinst du nicht auch, es ist wichtig, einmal nicht egoistisch zu sein?"

Doch Babette antwortet: „Nein."

„Du weißt doch, dass Asbest unendlich großen Schaden anrichten kann, und bis jetzt ist die Anzahl der Leute, die aufgrund von Asbest Geschwüre bekommen haben und daran gestorben sind, überschaubar. Wir alle sind noch einmal glimpflich davongekommen. Meinst du nicht auch, es wäre an der Zeit, einmal demütig, bescheiden und dankbar zu sein?"

Doch Babette antwortet: „Nein."

Jetzt versucht Walter sein Glück: „Deine Maske, die Maude für dich gemacht hat, sieht richtig toll aus mit den ganzen Schießgewehren – ist das nicht fein?"

Doch Babette antwortet: „Nein."

Da sagt Maude zu Walter gewandt: „Vielleicht sollten wir einmal eine Frage stellen, bei der sich das letzte Wort auf ‚ja' reimt. Sonst glauben die Lesenden noch, sie wären beim *Neinhorn* gelandet."

Walter fragt: „Fällt dir so eine Frage ein?"

Doch Maude antwortet: „Nein."

Walter denkt sich, so schwer kann das doch gar nicht sein. Er schaut zu seiner Frau und meint: „Also mir auch nicht."

Hinter Babette telefoniert nun eine andere junge Frau: „Hasenpups, Waschbärzähnchen, ich wollte dir nur sagen, dass ich im Zug sitze."

„Und ich will das nicht wissen", faucht Babette, reißt der Frau das Handy vom Ohr und drückt auf die Taste mit dem kleinen roten Telefon. Dann schmeißt sie der Frau das Gerät in den Schoß.

Die Frau schaut mit Entsetzen auf Babette, die gerade ihren auf Hochglanz polierten Zoo-Stecken zückt. Bevor die Passagierin etwas sagen kann, mischt sich Maude in die Angelegenheit ein. Mit einem versöhnlichen Ton in der Stimme bittet sie um Vergebung: „Es tut mir wirklich sehr leid, aber Sie müssen meiner Schwiegermutter verzeihen. Wissen Sie, sie ist gerade sie selbst gewesen."

Dann widmet sich Maude erneut Babette: „Du benimmst dich jetzt wie ein normaler Mensch und setzt deinen Mund-Nasen-Schutz auf!"

„Vergiss es!"

„Ich werde zu drastischen Maßnahmen greifen müssen!"

„Dann mach doch! Viel kannst du eh nicht ausrichten, mein liebes Distelkind!"

„Ich meine es ernst!"

„Na, da bin ich ja gespannt!"

„Bist du dir sicher?"

„Aber so was von!"

Maude erhebt sich und ruft mit lauter Stimme durch den Wagon: „Meine sehr verehrten Damen und Herren, ich bitte Sie um einen Moment Ihrer wertvollen Zeit und Ihre geschätzte Aufmerksamkeit. Ich möchte in aller Form und Demut bei Ihnen um Verständnis werben für meine geliebte Schwiegermutter, die heute nicht in der Lage sein wird, einen Mund-Nasen-Schutz zu tragen, um ihrem Enkelkind ein gutes Vorbild zu sein."

Maude redet so laut, dass sie das uneingeschränkte Interesse aller Passagiere auf sich zieht. Sie hören auf, wie wild auf ihr Smartphone einzuhacken, andere unterbrechen ihre Zeitungslektüre und einige nehmen sogar die Kopfhörer aus den Ohren.

Maude fährt fort: „Für das Verhalten meiner lieben Schwiegermutter gibt es gute Gründe. Sie müssen wissen, alle Menschen, die beim Sex gewürgt werden oder

die sich selbst beim Masturbieren strangulieren, verbinden Sauerstoffmangel mit einem Gefühl der Erregung. Daher können sie keinen Mund-Nasen-Schutz tragen, denn sie haben Angst vor Sauerstoffmangel und das macht sie nur unnötig …", Maudes Stimme wird tiefer und sinnlicher, „… geil."

Babette setzt ihre lila Kalaschnikow-Mund-Nasen-Bedeckung auf.

06

Logbucheintrag 11: Dreharbeiten

Mit einem Klemmbrett bewaffnet drückt Babette auf die Klingel mit der Aufschrift „DP Rick" und ist absolut erbost. Babette ist sich gar nicht sicher, ob in dieser Wohnung überhaupt jemand ist. Sie hatte sich vor dem Eintritt in das Mietshaus aus der Gründerzeit alle Namen der Bewohner am Klingelbrett notiert. Ein DP Rick ist nicht dabei gewesen.

Babettes Wut kennt kaum noch Grenzen, da ihr Aufenthalt in diesem Haus bisher nicht von Erfolg gekrönt ist. Doch vielleicht ist der Bewohner in der Erdgeschosswohnung kooperativ. Ansonsten hatte sie, als sie sich systematisch von oben nach unten durch das Haus arbeitete, den Eindruck, dass da nur Bekloppte wohnen, die ihr nicht helfen wollen, ihre familiären Pflichten gegenüber ihrem Bruder Wilfried zu erfüllen.

Babette besucht Wilfried wirklich selten, aber immer wenn sie es tut, findet sie im Stadtteil Käseberg, wo sich Wilfrieds Heim befindet, keinen Parkplatz. Um dieses Problem zu lösen, hat Babette beschlossen, eine Autofahr-Parkplatz-Tauglichkeits-Kartei zu erstellen, in der sie alle Bürger des Käsebergs erfasst und ein Urteil fällt, ob sie überhaupt Auto fahren sollten und einen Parkplatz haben dürfen. Ihre Autofahr-Parkplatz-Tauglichkeits-Kartei würde sie dann den Behörden übermitteln und Babette geht davon aus, dass die Beamten sich in Dankbarkeit für ihre Mühen dann um alles kümmern werden.

Als Babette ihrem Sohn Walter und seiner Frau Maude von ihrem Plan erzählte, erntete sie verwunderlicherweise Kritik von ihrer Schwiegertochter. Maude meinte, dass sie allein aus datenschutzrechtlichen Gründen Babette von ihrem Vorhaben abrate. Aber Babette ließ sich von diesen Bedenken nicht weiter beirren. „Weißt du, mein liebes Distelkind", sagte sie zu Maude, „schlimmer als die Datensammlung von der Gockel-Maschine im Internet bin ich auch nicht. Die sollen sich alle mal nicht so haben!"

Doch die Leute auf dem Käseberg hatten sich alle so. Und deswegen finden sich in Babettes Datei auf ihrem Klemmbrett zumeist nur Namen und Anschriften der Bewohner mit dem Vermerk, dass sie keine Auskunft über ihre Autofahr-Parkplatz-Tauglichkeit geben möchten. Allein in diesem Haus wurde Babette vier Mal die Tür vor der Nase zugehauen, als sie sich charmant vorstellte: „Guten Tag, die Parksituation da draußen ist ja unerträglich und es müssen Autos von der Straße. Ihres könnte eines davon sein! Ich bin persönlich daran interessiert, von Ihnen zu erfahren, ob Sie Auto fahren sollten und Ihr Auto parken dürfen. Dazu hätte ich ein paar Fragen." Das Freundlichste, was Babette erlebte, waren ein paar Anwohner, die meinten, sie würden eh nur Bus fahren. Eine ältere Frau, die sich als Hellseherin vorstellte, äußerte, sie lese immer im Kaffeesatz, wo freie Parkplätze seien. Anschließend schaute sie Babette fest an und warnte sie davor, Streuselkuchen an Passanten zu verteilen. Dann

war da noch eine junge Frau, die Babette genervt anschaute und fragte: „Welches Heim darf ich anrufen, um Sie abführen zu lassen?"

Um die Menschen zur Einsicht zu bringen, wurde Babette immer energischer. Hartnäckig versuchte sie auf einen jungen Mann mit Rastazopf einzuwirken: „Sie sind den Friseuren feindlich gesinnt. Sie müssen furchtbar viel Angst vor einem Haarschnitt haben. Also mit der Angststörung sollten Sie wirklich kein Auto fahren! Ich nehme Ihnen mal schnell den Führerschein weg." Doch der junge Mann knallte einfach seine Haustür zu.

Und so steht Babette nun vor der Wohnung von DP Rick und wartet, dass jemand öffnet. Sie schöpft neue Hoffnung, dass das nächste Gespräch etwas produktiver sein wird. Ansonsten würde sie sich gezwungen sehen, in der Nacht wahllos Fischöl in die Lüftungsschlitze der umherstehenden Autos zu schütten, damit sie endlich verschwinden.

Die Tür öffnet sich und ein Mann Anfang vierzig steht vor Babette. Er ist muskulös, trägt eine schwarze Lederhose und ein schwarzes Muskelshirt. Die Haare sind kurz geschoren und sein voller brauner Bart ist fein getrimmt. Grinsend schaut er Babette an und sieht dabei aus wie ein Teddybär.

Babette prescht sofort mit ihrem Anliegen vor: „Seit Jahr und Tag ist die hiesige Parkplatzsituation eine Katastrophe und da müssen wir was tun und deswegen ..."

Der Mann unterbricht Babette, sagt ihr, dass sie völlig fertig aussehe, und bietet ihr einen Kaffee an. Dabei könne sie ihm alles erzählen, was ihr auf dem Herzen liege. Babette nimmt die Einladung an und betritt die Wohnung, die leer und unpersönlich auf sie wirkt. Mit einer Espresso-Maschine bereitet der Mann sich selbst und Babette einen Kaffee zu. Die Küche duftet nach frisch gemahlenen Bohnen. Während Wasserdampf durch die Espresso-Maschine steigt, stellt der Mann Babette noch etwas Gebäck und ein Glas Wasser auf den Küchentisch. Er hat Mitleid mit ihr, denn sie macht einen ziemlich abgekämpften Eindruck. Babette sieht einen Aschenbecher auf dem Tisch stehen und fragt, ob sie rauchen dürfe. Der Mann nickt und zündet sich ebenfalls eine Zigarette an. Nebenbei schenkt er beiden den Kaffee ein.

Dann bemerkt der Mann: „Also wegen der Parkplätze draußen kann ich Ihnen, so leid es mir tut, wenig Auskunft geben. Ich bin erst vor ein paar Tagen hier eingezogen, weil ich zu Dreharbeiten gekommen bin. Ich habe die Wohnung auch nur für einen Monat gemietet. Sie war schon möbliert und im Endeffekt ist das billiger als jedes Hotel in der Stadt."

Ohne darauf einzugehen, legt Babette los: „Es geht mir vor allem darum, dass es einfach zu viele Leute gibt, die weder Auto noch Führerschein haben sollten. Wissen Sie, es gibt so viele junge Menschen, die übergewichtig und zugekifft sind. Die sollten nicht Auto

fahren. Frische Luft und viele Spaziergänge brauchen die!"

„Ja, was soll ich dazu sagen? Es ist halt insgesamt zu viel Verkehr auf den Straßen da draußen."

„Genau, das ist ein Skandal! Wenn Sie und Ihre Leute mit der Kamera hier sind, könnten Sie das gleich mit filmen. Machen Sie auch Dokus? Wenn wir von der Parkplatzsituation auf dem Käseberg berichten, wird das fraglos ein voller Erfolg. Sicherlich kriegen wir dafür Filmpreise, denn Menschen auf der ganzen Welt interessieren sich bestimmt für meine Parkplatzprobleme."

Der Mann lächelt Babette liebevoll an und schenkt ihr Kaffee nach. Dann sagt er überaus sanft:

„Eigentlich mache ich eher Spielfilme. Deswegen möchte ich unbedingt hier im nahen Gebirge drehen. Mir gefällt einfach die Kulisse und sie passt auch sehr gut zum Film." Der Mann grinst Babette an.

„Kommen Sie aus der Gegend?", möchte sie wissen.

„Ja, ich stamme aus einem kleinen Dorf im Gebirge, bin aber weggezogen und jetzt für den Dreh halt wieder hier. Meine Crew kommt die Tage. Ich brauchte ein wenig Vorlauf, um alles im Vorfeld abzuklären wegen der Drehorte und so weiter."

„Wissen Sie, was mir an Ihnen gefällt, mein Jung'? Ich höre bei Ihnen ganz viel Heimatverbundenheit raus. Es ist schön, wenn Menschen, die ihre Heimat verlassen haben, wiederkommen – und wenn es nur

für einen Film ist. Sind Sie eigentlich so heimatverbunden wie die Neuesten Preußen?"

Mit einem milden Lächeln auf den Lippen schüttelt der Mann den Kopf. „Ich befürchte, eher nicht!"

„Na, das wird noch", ermuntert ihn Babette, „die Liebe ist ja da. Ich sehe sie in Ihren Augen. Da steckt ganz viel Gefühl drin. Sie müssen sich unglaublich freuen, hier zu sein. Glauben Sie mir, ich bin bestimmt die Erste, die Ihren Film im Kino ansehen wird! Und ein Grinsen haben Sie im Gesicht, Mensch, da müssen Ihnen doch die Frauen zu Füßen liegen!"

„Ich bekomme meine Komplimente", sagt der Mann und grinst weiter vor sich hin.

Babette bemerkt, dass sie gerade Schwiegermuttergefühle für den Mann entwickelt. Ach, wenn ihr Sohn Walter nur ein Mädchen geworden wäre, wie sie es sich gewünscht hatte! Dann könnte sie die beiden jetzt verkuppeln. Stattdessen hat er die besserwisserische Maude geheiratet. Babette befürchtet, dass sie Walter aufgrund ihres Wunsches vielleicht verweichlicht hat, sodass der arme Kerl gar nicht anders konnte, als die Matrone Maude anzuschleppen.

„Ist Rick eigentlich Ihr Nachname?", möchte Babette wissen.

„Nein, ist er nicht. Das ist mein Künstlername. Draußen an der Klingel am Briefkasten muss ich ihn noch ranschreiben, damit meine Crewmitglieder mich auch finden. Einige von denen kennen mich nicht unter meinem bürgerlichen Namen."

„Sie sind also Künstler?"

„Ja, im weitesten Sinne. Ich arbeite als Fotograf und Regisseur."

„Steht denn das DP für irgendetwas?"

„Ja, aber das wollte ich so nicht an die Klingel schreiben."

„Ja, aber warum denn nicht? Verraten Sie mir, wofür DP steht?" Babette ist neugierig geworden.

Der Mann atmet einmal tief durch. Dann schenkt er Babette erneut sein Teddybär-Grinsen und sagt mit gesenkter Stimme: „Nun ja, DP steht für ‚Dick Pic'."

„Also sind Sie der Dick Pic Rick", stellt Babette zufrieden fest. „Na, warum haben Sie das denn nicht gleich gesagt, mein Jung'? Das klingt doch wirklich lustig! Also ich finde Ihren Namen drollig. Und ich wüsste keinen Grund, wieso Sie den nicht an Ihren Briefkasten schreiben sollten!"

Dick Pic Rick grinst. Dann fragt er Babette: „Verstehen Sie eigentlich Englisch?"

„Nein, ich kann kein Fremdländisch. Ihr jungen Leute müsst das sicherlich können. Aber ich mache mir da nix draus. Warum?"

„Ach, nur so", lässt Dick Pic Rick Babette auflaufen. „Und ja, den Namen Dick Pic Rick habe ich nur gewählt, weil er so lustig klingt."

„Aber ich muss zugeben, dass Dick Pic Rick auf Dauer schon ein ziemlicher Zungenbrecher ist. Darf ich Sie einfach Rick nennen, mein Jung'?"

„Klar, das geht in Ordnung!", sagt Dick Pic Rick mit einem Lächeln.

Babette freut sich ungemein. Mit der Parkplatzsituation ist sie heute zwar nicht wirklich weitergekommen und das Auto von Dick Pic Rick steht nicht zur Debatte, denn er ist ja bald wieder weg und dann muss sich Babette um den Nachmieter kümmern. Begeistert ist sie aber, dass sie so einen netten Mann kennenlernen durfte, der sich so lieb um sie kümmert. Sie möchte ihre Freude noch einmal bekräftigen:

„Ich kann es kaum erwarten, zu erfahren, wie Sie mit dem Film vorankommen. Nehmen Sie mich beim Wort! Ich bin die Erste, die ins Kino geht und sich Ihren Film ansieht, Rick, mein Jung'."

„Ich denke, der Film wird nur online gezeigt werden", wirft Dick Pic Rick ein.

„Das macht nichts, mein Jung'. Ich finde schon einen Weg, ihn mir anzuschauen. Mensch, ich bin ganz aufgeregt! Ich kann es kaum erwarten, meiner Schwiegertochter von Ihnen zu erzählen. Sie meinte, meine kleine Umfrage hier wäre zu nichts nutze, und jetzt habe ich Sie kennengelernt. Na, die wird Augen machen!"

Dick Pic Rick grinst Babette an, die sich so langsam wieder auf den Weg machen möchte. Sie bedankt sich noch einmal bei ihm und sagt unentwegt: „Sie sind wirklich so ein guter Jung'!" Als sie schon fast zur Tür raus ist, läuft Babette noch einmal zwei Schritte zurück zu Dick Pic Rick und bittet ihn: „Sie müssen mir un-

bedingt noch verraten, wie Ihr Film eigentlich heißt, damit ich alle Neuigkeiten darüber im Internet lesen kann!"

Dick Pic Rick windet sich: „Nun ja, der Titel des Films spielt doch nicht wirklich eine Rolle."

„Doch, doch, komm schon, mein Jung', nun sag schon!"

„Ach Quatsch, so wichtig ist der nicht!"

„Doch, doch, raus mit der Sprache", fordert Babette.

Dick Pic Rick holt noch einmal tief Luft.

„Nun ja, also ich mache einen künstlerisch hochambitionierten Heimatfilm über die Menschen im Gebirge. Und dieser Film hat den Titel *Glück auf, Glück auf, der Besteiger kommt. Geile Männer allein im Schacht.*"

Babette lächelt und auch Dick Pic Rick grinst hoffnungsvoll. Dann sagt sie völlig euphorisch: „Nein, wie schön, ein Heimatfilm! Und der Titel erinnert an ein Volkslied. Ich habe es gleich geahnt, dass du ein guter Jung' bist. Da muss ich sofort Amthor von Donnersklöppel Bescheid geben. Er ist hier der Ortsvorsitzende der Neuesten Preußen. Den Film wird er bestimmt lieben und in seiner Partei bewerben. Ich bin mir sicher, das wird ein ganz großer Erfolg. Du künstlerst für die rechte Sache. Ich glaube ..."

Plötzlich hört Babette auf zu reden. Sie lächelt nicht mehr. Dick Pic Rick aber grinst immer noch hoffnungsvoll.

Dann schreit sie: „Den Film schaue ich mir nicht an! Ich habe es doch von Anfang an geahnt, dass es in diesem Haus nur Bekloppte gibt."

Babette stürmt aus dem Haus. Ihr Klemmbrett liegt noch immer auf dem Küchentisch.

Logbucheintrag 12: Erleuchtung

Babette schaut sich im öffentlich-rechtlichen Fernsehen eine Satiresendung an und ist bis über beide Ohren wütend. Die Sendung macht sich über eine Behörde lustig, in der alle Mitarbeitenden und Bürger gezwungen werden, einen Paternoster-Führerschein zu erwerben, bevor sie sich im Gebäude auf- und niederbewegen dürfen, ohne die Treppe zu benutzen. Die Sendung berichtet sogar davon, dass eine linksradikale Politikerin fordere, dieser Regelung ein Ende zu machen.

„Menschen zu verspotten, die nur wollen, dass alle sicher und wohlbehütet an ihr Ziel gelangen! Ist es denn schon so weit? Es gibt nur noch Distelkinder da draußen! Ich fasse es einfach nicht! Und dafür bezahle ich Rundfunkgebühren!", nuschelt Babette erbost vor sich hin. „Die werden alle noch früh genug sehen, wohin uns das bringt."

Einige Tage später erfährt Babette aus der lokalen Zeitung, dass sie mit ihrer Einschätzung nicht falsch lag. Es begab sich, dass sich im Rathaus der Stadt, in dem es auch einen Paternoster gibt, ein Unglück ereignete. Nach einer Sitzung wurde das 62-jährige Stadtratsmitglied Amthor von Donnersklöppel von seiner Frau und Dackel Fiffi abgeholt. Babette mag Amthor von Donnersklöppel sehr, der als Vorsitzender der Ortsgruppe der Neuesten Preußen alle Hippies daran erinnert, was Zucht und Ordnung ist. An diesem Tag

hatte er einen Antrag eingereicht, nach dem alle zuge-
zogenen Borasisis in einem Viertel der Stadt untergebracht werden sollten, damit es zu einer gesunden Se-
gregation von guten und schlechten Bürgern in der
Stadt kommen könne. Amthor von Donnersklöppel
hat schon immer gewusst, dass mündige Bürger durch
die Aufgabe von Freiheiten mehr Befreiung erhalten.
Erfolg hatte er mit seinem Antrag zwar nicht, dennoch
sorgte er dafür, dass die Anträge des Jugendhilfeaus-
schusses keine Aufmerksamkeit mehr erhielten.

Erfreut über diesen großartigen Erfolg wollte Amthor von Donnersklöppel so schnell wie möglich mit
der Liebe seines Lebens und seiner Frau nach Hause
und stieg behände, die Hundeleine in der Hand, in den
Paternoster. Doch der Dackel sträubte sich, mit in den
Fahrstuhl zu springen. Er verharrte einfach und krallte
sich mit aller Kraft in der Auslegware fest. Sein Kopf
hing über der Kante und er blickte auf sein Herrchen,
das langsam mit dem Paternoster nach unten fuhr.
Amthor von Donnersklöppel zog indes weiter an der
Leine. Und so kam es, dass die letzten Worte, die Fiffi
in seinem Hundeleben zu hören bekommen sollte,
waren: „Fiffi, du kommst jetzt mit in den Fahrstuhl",
bevor die nächste hinunterfahrende Kabine des Paternosters dem Dackel das Genick brach.

*Todbringender Paternoster im Blutrausch: Unfall mit
Dackelschaden* betitelte die Zeitung am nächsten Tag ihren Bericht von dem Unheil, den Babette soeben gelesen hat. Jetzt würde sie am liebsten den Satiriker in

Grund und Boden klagen, wenn sie nur wüsste, welche rechtliche Handhabe es gegen Satire gibt.

Für Babette wird wieder einmal deutlich, wie wichtig es ist, Leute von der Uninformation zu befreien. Sowie Menschen Bescheid wissen, verhalten sie sich richtig und keiner richtet irgendeinen Schaden an. Amthor von Donnersklöppel ist schlicht das Opfer von Uninformation geworden. Das denkt sich Babette und holt eine Zigarette aus der Schachtel, deren Warnhinweise sie schon lange nicht mehr gelesen hat.

Nachdem Babette sich ihre Zigarette angezündet hat, geschieht etwas Seltsames mit ihr. Sie hat schon immer geahnt, dass sie in Wirklichkeit die Seele einer großen deutschen Mystikerin wie Hildegard von Bingen besitzt, die das Privileg hat, den Rechtschaffenen und Einflussreichen beratend zur Seite zu stehen. Ihr Rat würde von allen befolgt, da sie immer Recht hat. Nun erhält Babette vom göttlichen Schicksal den endgültigen Beweis für die Richtigkeit ihrer Annahme, denn im Fernsehsessel ereilt sie eine Vision:

Babette sieht sich kettenrauchend in einen Liegestuhl im Foyer des Rathauses gebettet. Sie mustert kritisch alle umherlaufenden Menschen. Als ein junger Mann, der wie ein Borasisi aussieht, sich ins Rathaus verirrt und den Paternoster ansteuert, kommt es dazu, dass Babette, in Rauchschwaden gehüllt, aus ihrem Liegestuhl aufersteht, erhaben wie ein edles Sumpfmonster, und schreit: „Nein, du darfst den Aufzug ohne Paternoster-Führerschein nicht benutzen!" Im

Hintergrund hat sich bereits ein weißer Knabenchor zur Pyramide aufgetürmt, der in Diskolicht gehüllt in Fremdländisch singt: „Stop, in the name of order!" Dann nimmt Babette ihr Gewehr und knallt den jungen Mann ab, bevor er sich durch unsachgemäße Benutzung des Paternosters verletzen kann.

An diesem Punkt spürt Babette, dass ihre Vision auch etwas Illusorisches hat, denn sie weiß natürlich, dass sie kein Gewehr so perfekt bedienen kann. Sie hat einmal das Gewehr ihres Nachbarn Waldemar aus Spaß ausprobiert. Dabei war der Rückstoß der Waffe zu heftig für sie, sodass sie mit ihrem ganzen kraftlosen Körper nach hinten stürzte und der Schuss gen Himmel ging.

Nichtsdestotrotz weiß Babette nun, welchen Auftrag das Universum ihr erteilt hat.

Am nächsten Tag stellt sie sich mit Klemmbrett vor das Rathaus und veranstaltet eine Unterschriftenaktion für ein Paternoster-Führerschein-Zulassungssystem mit ihr als Überwachungseinsatzkraft. „Setzt dem Wahnsinn ein Ende!", schreit Babette. „Wie viele unschuldige Dackel sollen noch durch zu viele Freiheiten ihr Leben lassen? Es kann doch nicht sein, dass jeder einfach so nach oben kommt!"

Doch es interessiert sich niemand für Babettes Anliegen. Nur ein paar Touristen machen kurze Videos von ihr und stellen diese sogleich ins Internet. Währenddessen erneuert ein Angestellter der Stadtver-

waltung das Schild mit der Aufschrift „Tiere verboten" am Eingang des Rathauses.

Wütend geht Babette nach Hause und beschließt, ihren Keller aufzuräumen. Da geschieht es erneut. Das göttliche Schicksal leitet ihre Wege auf eine nicht zu erklärende mystische Weise: Inmitten von Sperrmüll und Unrat entdeckt Babette ein Fass mit dreißig Kilo Eipulver aus Vorkriegszeiten, das sie von ihrer Mutter geerbt hat. Sie hatte ganz vergessen, dass sich solch ein Schatz in ihrem Besitz befindet.

„Mit diesem Eipulver kann ich unzählige Streuselkuchen backen und die Leute mit der Verköstigung für meine Unterschriftenaktion gewinnen", sagt sich Babette und eilt in die Küche.

Am nächsten Tag steht Babette wieder vor dem Rathaus und in der Tat gelingt es ihr, 64 Menschen, die für Kuchen alles unterschreiben würden, eine Unterschrift abzuringen.

Am darauffolgenden Tag möchte Babette ihren großen Erfolg vom Vortag natürlich wiederholen. Und so steht sie morgens um acht Uhr völlig übermüdet auf dem Markt. Sie hat die ganze Nacht durchgebacken und kaum Schlaf gefunden.

Babettes Unterschriftenaktion verläuft erneut zufriedenstellend. Gegen Mittag jedoch kommen Beamte vom Gesundheitsamt der Stadt zu Babette. In der Hand halten sie eine Verfügung. Auf Basis des Infektionsschutzgesetzes erging ein Erlass gegen Babette, der es ihr verbietet, weiterhin Kuchen an Passanten zu

verteilen, da alle Konsumenten ihres Kuchens an Brechdurchfall leiden.

„Das liegt aber nicht an meinem Kuchen, sondern nur daran, dass heutzutage alle gegen alles allergisch sind. Ich sage nur: Giftwolken aus Flugzeugen! Dagegen solltet ihr mal etwas tun – ihr mit eurem beschissenen Infektionsschutzgesetz!"

Doch die Beamten lassen sich nicht zur Vernunft bringen, denn in ihren Augen ist Babettes Kuchenstand nichts weiter als ein Herd sich rasant ausbreitender Keime. Es gebe sogar bereits zahlreiche Indizien dafür, dass Babettes Kuchen als Brutstätte für mutierte Noroviren diene.

Herzlos, wie Beamte sind, beschlagnahmen sie den Streuselkuchen, stecken ihn in Vakuumbeutel und setzen Babette davon in Kenntnis, dass der Kuchen in einem Labor untersucht werde, bevor er im städtischen Krematorium professionell und unter strengen Sicherheitsauflagen eingeäschert wird.

„… aber mein Kuchen", winselt Babette leise. Doch sie ist sich im Klaren darüber, dass sie von Menschen, die sich im Rausch der Behördenwillkür befinden, keine Gnade erwarten darf.

Babette ist am Boden zerstört. Welch schwere Prüfung der liebe Gott ihr aufbürdet! Aber wie jeder Märtyrer weiß Babette, dass sie zunächst unter dem Joch der Distelkinder leben muss, um letztlich wiederauferstehen zu können.

Fortsetzung folgt.

Der Autor dankt …

... allen Distelkindern.
(u know who u r)

... allen, die enthusiastisch auf Babette reagiert haben,
besonders Alecia,
Vivienne (die *Korruption* ist dir gewidmet)
und Nike (die *Dreaharbeiten* sind für dich ☺),
meiner Mutti und Lothar.

... allen, die Input geliefert haben, auf die eine oder
andere Weise: meinen Großeltern, vor allem meiner
Oma Marianne Schlosser, Karin, Nils,
meiner Schwester Susanne und Iren.

... meinen Lehrer*innen, besonders
Petra (merci pour la philosophie)
und Cecile (I now know what Atwoodian means).

... allen Künstler*innen, die mich geprägt haben, vor
allem sei hier Ebow erwähnt, die in dem Lied
„Baba Bak" mit dem Begriff „Neueste Preußen" meine
Fantasie f(r)u(r)chtbar beflügelt hat.

... meinen Schüler*innen, vor allem für den Hinweis
den Balkon des Erzgebirges zu besuchen.

... allen, die im Alltag meine spontanen Lachanfälle
ausgehalten haben, weil Babette in meinem Kopf
ihr Unwesen trieb.

... meiner Lektorin Irina Sehling.

... allen Zuhörenden meiner Lesungen.
Sie wussten nicht, auf was sie sich eingelassen haben.

... der Isolation durch den Corona-Virus.
Sie zwang mich dazu, die Welt lustiger zu erfinden.

... Steven.

Babette dankt ...

... niemanden

Weitere Informationen unter:

www.distelkinder.com